Egmond Prill

Kurz und Kernig

Egmond Prill

Kurz und Kernig

Worte für Sonntage und sonstige Tage

SCM Hänssler

SCM

Stiftung Christliche Medien

Egmond Prill (Jahrgang 1956)
Evangelischer Theologe und Journalist. Tätig im Christlichen Medienverbund KEP e. V.
Er ist verheiratet mit Heidrun und lebt in Kassel.

Die »Worte zum Sonntag« sind ein Projekt des Christlichen Medienverbundes KEP e.V. mit dem Ziel „Mehr Evangelium in den Medien". Regelmäßig informiert das Christliche Medienmagazin pro über Trends und Hintergründe der Medienwelt.
www.kep.de
www.medienmagazin-pro.de

Bestell-Nr. 394.882
ISBN 978-3-7751-4882-5

Internet: www.scm-haenssler.de
E-Mail: info@scm-haenssler.de
Umschlaggestaltung: Jens Vogelsang, Aachen
Titelbild: fotolia.de
Satz: typsocript GmbH, Kirchentellinsfurt
Druck und Bindung: CPI – Ebner & Spiegel, Ulm
Printed in Germany

Vorwort

Die Frage nach Gott ist so alt wie die Menschheit, ist oft zu hören. Aber es ist keine alte Frage. Jede Generation stellt sie neu und sucht Antworten. Gewiss, das haben sich zuerst Theologen und Philosophen zur Aufgabe gemacht. Die erklärten im 20. Jahrhundert kurzerhand: Gott ist tot! Doch die Fragen des Glaubens bleiben lebendig, wie dieser Gott lebendig ist.
Woher kommen wir und wohin gehen wir? Wie ist diese wunderbare Welt entstanden? Welchen Sinn hat das alles? Warum gibt es so viel Leid? Wozu dienen Krankheiten und Katastrophen?
Dieses Buch ist kein Lehrbuch. Es ist eine Sammlung von Geschichten und Gedanken über Gott und die Welt, die als „Worte zum Sonntag" in verschiedenen Samstags- und Sonntagszeitungen erschienen sind. Nach Monaten geordnet sind es Worte für alle Tage. Sie geben Lichtblicke und Einblicke, Rückblicke und Ausblicke. Das Buch ist eine Reise durch das Jahr mit Antworten und neuen Fragen zum Nachdenken und Vordenken. Lassen Sie sich einladen ...

INHALT

Januar
Lebensbrücke 12
Gutschein. 14
Express 16
Sanftmut 18

Februar
Bett 24
Masken 26
Passion 28
Schneeglöckchen 30

März
Essen 36
Schuhe. 38
Freiheit (Ostern). 40
Feuer 42

April
Profil 48
Osterschnee 50
Aufwachen 52
Ziel 54

Mai
Mahlzeit. 60
Begehren 62
Honig. 64
Wetter 66

Juni
Dorn 72
Himmelfahrt 74
Ameise. 76
Fest-Tag (Pfingsten) 78

Juli
Meer 84
Gefängnis 86
Postkarte 88
Lebensbrot 90

August
Blitz 96
Tomaten 98
Fisch 100
Gier 102

September
Burg 108
Apfelbaum 110
Wasserhahn 112
Einschlafen 114

Oktober
Pfahl 120
Reichtum 122
Kirchenfest 124
Geschenk 126

November
Elisabeth 132
Besuch 134
Schwert 136
Warten 138

Dezember
Adventskranz 144
Winterdienst 146
Weihnachtszeit 148
Jahreswechsel 150

1

JANUAR

EINS

Januar

Christen glauben an einen einzigen Gott. Der Gott der Bibel erklärt sich als der *Eine*, der Allmächtige und der Ewige. Der *Ein-Gott-Glaube* war vor Jahrtausenden etwas Besonderes, da viele Völker viele Götter anbeteten und ganze Götter-Familien im Himmel verehrten. Der Glaube an den Gott der Bibel verbindet drei Aussagen:

Dieser *Eine* hat den gesamten Kosmos und das Leben erschaffen. Er ist der Schöpfer, der machtvolle Herr über uns. Dieser *Eine* ist zugleich der Retter. Er ist der Gott an unserer Seite. Er ist der liebevolle Heiland für uns. Dieser *Eine* verändert und prägt schließlich auch Menschen. Er wirkt als ein kraftvoller Geist in uns. Das Wort von der *Drei-Einigkeit* will das am Ende umschreiben und verdeutlichen. Nicht drei Gestalten, sondern drei Seiten des einen Gottes hat der Apostel Paulus vor Augen, wenn er schreibt: „Wir wünschen euch die Gnade von Jesus Christus, unserem Herrn, die Liebe Gottes und die Gemeinschaft des Heiligen Geistes." (2. Korinther 13,13; NL)

Zahlen gehören zu unserem Leben. Ohne die zufällige Ziffernfolge einer Geheimzahl geht gar nichts.

Kreditkarte, Kundenkarte, Scheckkarte. Zahlen in der Bibel sind selten Zufall. Sie haben oft eine besondere Bedeutung. Diese Geheimnisse wollen wir lüften. Bei der Eins denke ich zuerst an den *Einen.* Zugleich auch dies: Die Menschheit lebt in vielen Völkern, aber doch in einer Welt. Und jedes Leben ist einmalig. Damit es rundum gelingt, will Gott die Nummer eins in unserem Leben sein.

„Jedes Leben ist einmalig.
Damit es rundum gelingt,
will Gott die Nummer eins in
unserem Leben sein."

LEBENS-BRÜCKE

Ein neues Jahr hat angefangen. Unser Leben geht in die nächste Runde. Ein weiterer Jahreskreis beginnt. Meist laufen wir nach guten Vorsätzen schnell wieder im alten Trott. Die Feiertage sind vorbei. Alle Aufregung ist vorüber. Was bleibt von Weihnachten?

Der 6. Januar heißt *Epiphanias (Erscheinung).* Er ist wie eine Brücke, die uns von den Festtagen wieder zu den Alltagen führt. Er wird als *Dreikönigstag* gefeiert. Vielerorts ziehen Kinder als *Heilige Könige* verkleidet durch die Straßen. Sie verkünden als

Sternsinger Freude und Segen. Erinnert wird an die biblische Geschichte der „Weisen aus dem Morgenland“. Sie folgten einem Stern und fanden das Kind in der Krippe, den Heiland der Welt. Dieser Tag will uns nicht nur die Erscheinung des Sterns vor Augen halten, sondern vor allem die gute Nachricht, dass Gott in besonderer Weise in Erscheinung getreten ist. Er ist zu uns gekommen. Er ist Mensch geworden. Jesus Christus ist da. Das gilt für alle Zeiten, die kommen werden. Er will vor uns gehen und an unserer Seite bleiben. Er ruft uns zu: „Ich lebe und ihr sollt auch leben.“ (Johannes 14,19).

Das ist die kirchliche Jahreslosung, ein Leitwort für das ganze Jahr. Damit wird die Brücke von Jesu Geburt bis zu seinem Tode am Kreuz geschlagen. Noch mehr: bis zur Auferstehung am Ostermorgen. Jesus lebt! Er ist der Lebendige und so die Lebensbrücke in die Ewigkeit, die sogar den Tod überwunden hat. Darauf können wir uns verlassen – an hellen und an dunklen Tagen.

„Jesus lebt! Er ist der Lebendige und so die Lebensbrücke in die Ewigkeit, die sogar den Tod überwunden hat.“

GUTSCHEIN

Ihnen wurden zum Weihnachtsfest auch Gutscheine auf den Gabentisch gelegt? Wo liegen die jetzt? Wann sollen die eingelöst werden? Achtung: Es gibt Verfallstermine! Und dann müssen wir mit dem Gutschein in den richtigen Laden gehen. Die fünf Wellness-Massagen bringen im Baumarkt nichts. Der Gutschein für Blumen wird im Feinkost-Geschäft nur Kopfschütteln bekommen.

Übrigens: Was wird aus dem Gutschein, der wie vom Himmel kam? Den hat jeder Mensch erhalten und er ist doch keine billige Massenware. Dieser Gutschein gilt für jeden ganz persönlich. Er steht für das große Geschenk des Christfestes: Für unsere Erlösung und ewiges Leben mit Gott.

„Denn aus Gnade seid ihr selig geworden durch Glauben, und das nicht aus euch: Gottes Gabe ist es, nicht aus Werken, damit sich nicht jemand rühme." (Epheser 2,8-9).

Nicht die guten Vorsätze vom Silvesterabend und nicht gute Taten oder ein braves Leben sind unsere Rettung, sondern der Glaube an Jesus Christus. Jeder Gutschein von Weihnachten wird erst wertvoll beim Einlösen. Im Tischkasten oder in der Brieftasche bringt er nichts. Der Gutschein für unser Leben wird Wirklichkeit, wenn wir uns im Glauben an Gott wenden – täglich neu. Gläubige und Wenig-Gläubige und Nicht-Gläubige müssen nichts leisten, sondern können einfach die Zusage Gottes für ein erneuertes Leben in Anspruch nehmen. Kommen Sie zu Gott, kommen Sie neu zum Glauben, lassen Sie den Gutschein nicht achtlos liegen! Gottes Ohr ist offen: 24 Stunden am Tag. Er wartet schon.

„Der Gutschein für unser Leben wird Wirklichkeit, wenn wir uns im Glauben an Gott wenden – täglich neu."

EXPRESS

Wünschen Sie Sofort-Lieferung? Selbstverständlich! Der Tisch wird „über Nacht“ zu mir gebracht. Das Möbelhaus macht das möglich. Wir erleben eine Zeit des Überflusses. Es ist alles zu haben. Und viele erwarten: alles sofort. Bestellung per Internet oder Telefon, Lieferung im 24-Stunden-Takt. Sollte es das nicht auch beim Glauben geben? Einen Express-Liefer-Service – jetzt gebetet und morgen geliefert? Manche Bibelsprüche lassen solche Gedanken aufkommen.

„Bittet, so wird euch gegeben; suchet, so werdet ihr finden; klopfet an, so wird euch aufgetan. Denn wer da bittet, der empfängt; und wer da sucht, der findet; und wer da anklopft, dem wird aufgetan. Wer ist unter euch Menschen, der seinem Sohn, wenn er ihn bittet um Brot, einen Stein biete? Oder, wenn er ihn bittet um einen Fisch, eine Schlange biete? Wenn nun ihr, die ihr doch böse seid, dennoch euren Kindern gute Gaben geben könnt, wie viel mehr wird euer Vater im Himmel Gutes geben denen, die ihn bitten!" (Matthäus 7,7-11).

Gebet als Erfüllungsautomat unserer Wünsche? So ist das sicher nicht gemeint. Und das ist gut so! Denn unsere Wünsche sind oft selbstsüchtig und manchmal selbstzerstörerisch. Das „große Geld" wurde vielen zum Verhängnis, der Traumberuf auch zum Albtraum und viele Wünsche haben sich mit der Lebenszeit gewandelt. Vielleicht war es gut, dass Nachbars „Kleine" nicht die Ehefrau geworden ist. Gott hört Gebete. Er gibt mit seinem Augenmaß. Er hat den Überblick und den Weitblick – eben als ein guter Vater.

„Gott hört Gebete. Er gibt mit seinem Augenmaß. Er hat den Überblick und den Weitblick – eben als ein guter Vater."

SANFTMUT

Ein etwas abgegriffener Spruch: „Jeder denkt an sich, nur ich denke an mich." Doch ein Körnchen Wahrheit sagt der Satz. Mehr Wohlstand bringt mehr Selbstsucht. Gerichte und Rechtsanwälte sprechen von der Prozesswut der Deutschen. Zeitschriften und TV-Magazine zeigen uns die Konflikte gar nicht so lieber Nachbarn am Maschendrahtzaun und anderswo. Erbstreitigkeiten trennen Familien und werden oft zu Tragödien. Mitunter sind mehrere Generationen durch solche Geschichten verfeindet.

Die Bibel gibt einen Tipp für unser Zusammenleben: „Selig sind die Sanftmütigen; denn sie werden das Erdreich besitzen" (Matthäus 5,5). Das ist ein Spruch aus der Bergpredigt, wo Jesus seine Vorstellungen über eine neue Welt verkündigt. Glücklich sind die Menschen, die Sanftmut leben. Sie leben selbst ruhiger und schlafen auch besser, denn sie müssen sich nicht in Selbstgerechtigkeit verlieren und in Rachegefühlen versinken.

Dabei sind die Sanftmütigen nicht die Schwachen und Kraftlosen. Es kostet Kraft und verlangt Mut in brenzligen Lebenslagen und heftigem Streit ruhig und sanft zu bleiben. Wir haben *Sanft-Mut* fast aus unserem Wortschatz und unserem Denken verloren. Jesus erinnert uns an den Mut zum sanften Leben. *Sanft* ist ein altes Wort und bedeutet: weich, angenehm und freundlich. Wir können Jesus um Kraft, Mut und Sanftmut bitten. Dann gehört uns Gottes neue Welt, die schon mitten in unserer Welt beginnt – überall dort, wo wir an andere denken und voller Mut freundlich sind.

„Wir können Jesus um Kraft, Mut und Sanftmut bitten. Dann gehört uns Gottes neue Welt."

2

FEBRUAR

ZWEI

Februar

Wir brauchen zwei Augen, um räumlich zu sehen. Wir haben zwei Ohren und können so Geräusche orten und uns orientieren. Zwei Hände, zwei Beine – vieles an und in uns ist doppelt angelegt. Zwei Menschen bilden eine Ehe. Zwei Geschlechter sind nötig, damit ein neues Leben entsteht. Gegensätze, die doch zusammengehören, nennen wir die „zwei Seiten einer Medaille".

Auf zwei Steintafeln erhielt Mose die Zehn Gebote. Tafel eins bezieht sich auf das Verhältnis zwischen Mensch und Gott. Tafel zwei regelt das Leben der Menschen untereinander. Zum Beispiel: „Du sollst nicht stehlen!"

Zahlen gehören zu unserem Leben. Ohne die zufällige Ziffernfolge einer Geheimzahl geht gar nichts. Kreditkarte, Kundenkarte, Scheckkarte. Zahlen in der Bibel sind selten Zufall. Sie haben oft eine besondere Bedeutung. Bei der „Zwei" denke ich an jene Frau, die Jesus am Eingang des Tempels sah. Reiche spendeten großzügig. „Er sah aber auch eine arme

Witwe, die legte dort zwei Scherflein ein. Und er sprach: Wahrlich, ich sage euch: Diese arme Witwe hat mehr als sie alle eingelegt. Denn diese alle haben etwas von ihrem Überfluss zu den Opfern eingelegt; sie aber hat von ihrer Armut alles eingelegt, was sie zum Leben hatte.“ (Lukas 21,2-4).

Wichtig: Jesus wendet sich nicht gegen jene, die vom Überfluss opfern. Aber er wendet sich besonders der Witwe zu, die den Lebensunterhalt für einen Tag im Vertrauen auf Gott gegeben hat. Und manche Scherflein sind für andere gerade die Hilfe zum Leben für einen Tag.

„Auf zwei Steintafeln erhielt Mose die Zehn Gebote.“

BETT

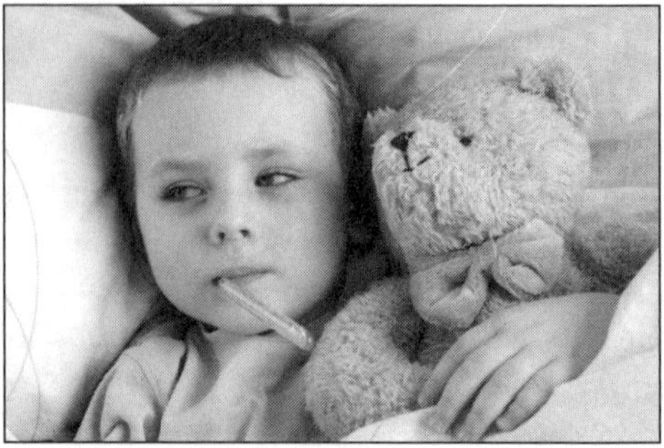

„So richtig nett, so richtig nett, so richtig nett ist's nur im Bett." Ein Schlager lässt die Gedanken schweifen: Gemütliches Kuscheln allein oder zu zweit. Bequemes Ausstrecken nach einem langen Arbeitstag. Liegen und Lieben auf gut gefederter Matratze. Extraweiche Daunendecken und atmungsaktive Bettwäsche. Frühstück im Bett – es ist ein Traum.

Aber das gibt es auch: das Bett als Albtraum. Nur eine schlichte Grippe oder eine leichte Verletzung am Knöchel: Wir liegen flach und müssen das Bett hüten. Drei Tage oder drei Wochen, die mögen noch gehen. Viele liegen länger und mancher schafft es nicht mehr aus dem Bett. Dazu kommen oft noch anhaltende Schmerzen und quälende Einsamkeit. So richtig nett ist es nicht immer im Bett! Jesus begegnet in Jerusalem in den Hallen am Teich Bethesda vielen Kranken. Einer lag dort schon 38 Jahre, vereinsamt und verbittert.

„Als Jesus den liegen sah und vernahm, dass er schon so lange gelegen hatte, spricht er zu ihm: Willst du gesund werden? Der Kranke antwortete ihm: Herr, ich habe keinen Menschen, der mich in den Teich bringt, wenn das Wasser sich bewegt; wenn ich aber hinkomme, so steigt ein anderer vor mir hinein. Jesus spricht zu ihm: Steh auf, nimm dein Bett und geh hin! Und sogleich wurde der Mensch gesund und nahm sein Bett und ging hin." (Johannes 5,6-9).

Das ist jedem Kranken zu wünschen: raus aus dem Bett! Wunder gibt es bis heute. Für Kranke sollen wir beten. Manchmal hilft auch ein Brief oder ein Besuch um Leid zu lindern.

„Jesus spricht ... Steh auf, nimm dein Bett und geh hin! Und sogleich wurde der Mensch gesund und nahm sein Bett und ging hin."

MASKEN

Am Aschermittwoch war wieder alles vorbei: das närrische Treiben mit Prunksitzungen, Weiberfastnacht und Straßenumzügen. Die Wochen der Karnevalskostüme und Masken gingen zu Ende. Um das traditionelle Aschekreuz zu empfangen, musste jeder sein Gesicht zeigen. Warum lieben viele Menschen das Verhüllen und Verstecken?

Ist das ein alter Reflex der menschlichen Natur? Die Bibel erzählt am Anfang die Geschichte vom Paradies. Beschrieben wird ein Leben der Menschen im ungebrochenen Vertrauen zur Umwelt, zum Mitmenschen und zum Schöpfer. Ein Bruch kommt durch die Sünde. Die Menschen erhoben sich über Gottes Gebot, sagt die Bibel: „Da wurden ihnen beiden die

Augen aufgetan, und sie wurden gewahr, dass sie nackt waren, und flochten Feigenblätter zusammen und machten sich Schurze. Und sie hörten Gott den HERRN, wie er im Garten ging, als der Tag kühl geworden war. Und Adam versteckte sich mit seiner Frau vor dem Angesicht Gottes." (1.Mose 3,7-8).

Die berühmten Feigenblätter sollen nicht nur gewisse Körperstellen verdecken, sondern den schuldig gewordenen Menschen verbergen. Einer kann dem anderen nicht mehr offen in die Augen schauen, das ist das Problem, deshalb tragen wir oft Masken. Wir schämen uns vor anderen und vor dem Blick in den Spiegel.

Keinem soll die Freude am Kostümieren vermiest werden. Aber jedem darf neu deutlich werden: Das Kreuz steht für Umkehr, Vergebung und Neuanfang. Wo Schuld durchkreuzt wurde, wird der Blick frei für den Menschen neben uns und den Menschen in uns.

„Einer kann dem anderen nicht mehr offen in die Augen schauen ... deshalb tragen wir oft Masken. Wir schämen uns vor anderen und vor dem Blick in den Spiegel."

PASSION

Sie haben eine Leidenschaft? Nicht nur einfach ein Hobby, das gelegentlich etwas Zeit und Geld kostet, sondern eine Beschäftigung, die auch Leiden schafft? Richtige Sammler-Leidenschaft entwickeln manche Menschen bei Briefmarken und Bierdeckeln, andere bei Münzen oder Mineralien. Wer so ohne Vorbehalte und mit ganzem Herzen seine Nerven und die Brieftasche strapaziert, wird oft ein *passionierter* Sammler genannt. Er ist eben ein Mensch mit Leidenschaft, mit echter *Passion.* Jesus Christus hat auch eine Passion. Er sucht und sammelt Menschen – leidenschaftlich gern. Er will jeden erreichen und reich machen. Er will uns neues Leben schenken und lebendig machen. In der Bibel heißt es:

„Der Menschensohn ist nicht gekommen, dass er sich dienen lasse, sondern dass er diene und sein Leben gebe als Lösegeld für viele.“ (Markus 10,45).

Christus ist nicht als herrschaftlicher König gekommen, sondern als hilfsbereiter Diener. Er setzte sich für Arme und Kranke, für Randsiedler und Gestrauchelte ein. Seine Liebe zu uns Menschen bezahlte er am Ende mit seinem Leben. Doch gerade sein Tod ist das Lösegeld und bringt uns Erlösung. Die Wochen vor Karfreitag und Ostern werden die Wochen der *Passion Christi* genannt. Sie erinnern an das Leiden und Sterben eines Unschuldigen, der die Schuld anderer auf sich nahm. Er leidet aus Leidenschaft für uns, für jeden Menschen, für Männer und Frauen, für Junge und Alte, für Ordentliche und Unordentliche, für Solide und *So-Liederliche*.

„Jesus Christus hat auch eine Passion. Er sucht und sammelt Menschen .... Er will uns neues Leben schenken und lebendig machen.“

SCHNEE-GLÖCKCHEN

Wird sich der Winter nochmals melden? Oder war das alles, was die kalte Jahreszeit diesmal zu bieten hatte? In seltener Pracht sind die Schneeglöckchen vor dem Haus erblüht. Früher als sonst haben sie sich von der Sonne wecken lassen. Wissenschaftlich können wir das alles erklären, dennoch bleibt es für mich ein Wunder. Da ruhen versteckt im Boden die Blumenzwiebeln. Im vergangenen Sommer haben sie Kräfte gesammelt, dann Frost und Feuchtigkeit getrotzt, um nun Blätter und Blüten zu treiben. Das Leben triumphiert. Es ist eine Freude für die Augen.

Ein Dichter hat uns in der Bibel seine Gedanken und Gefühle hinterlassen. Er schwärmt vom Frühling: „Denn siehe, der Winter ist vergangen, der Regen ist vorbei und dahin. Die Blumen sind aufgegangen im Lande, der Lenz ist herbeigekommen, und die Turteltaube lässt sich hören in unserm Lande. Der Feigenbaum hat Knoten gewonnen, und die Reben duften mit ihren Blüten." (Hoheslied 2,11-13).

Im Orient sind es der Feigenbaum und die Anemonen, die den Frühling sichtbar machen, auch heute noch. In unseren Breiten sind es Schneeglöckchen und Krokusse. Wir Menschen freuen uns auf Sonne und Wärme, auf Düfte und Farben. Lassen wir uns auch in diesem Jahr neu überraschen von der Fülle der Schöpfung und dem Schöpfer. Gott will das Leben, auch unser Leben. Lassen wir uns neu auf dieses Wunder ein und begeben uns auf den Weg des Staunens. Und noch eins: Auch Frostnächte und spätes Schneetreiben werden den Frühling nicht aufhalten.

„Wir Menschen freuen uns auf Sonne und Wärme, auf Düfte und Farben. Lassen wir uns auch in diesem Jahr neu überraschen von der Fülle der Schöpfung und dem Schöpfer."

3

MÄRZ

DREI

März

In der Schule ist die Drei eine Note für Mittelmaß. In der Geometrie steht die Drei für eine Figur in der Fläche. Drei Punkte, die nicht auf einer Geraden liegen, werden durch Linien verbunden und ergeben ein Dreieck. Im Blick auf den dreidimensionalen Raum kennen wir Länge, Breite, Höhe. Damit ist alles vollkommen ausgefüllt. In der Philosophie wird die Drei als eine Harmonie verstanden. In der Dialektik heißt es: These, Antithese, Synthese. Ein Satz, der Gegensatz und die Verknüpfung der beiden zu einer neuen Aussage. Diesen Ausgleich verstanden schon die alten Griechen als etwas Göttliches. Der Volksmund hat das bewahrt, denn „aller guten Dinge sind drei“.

Für die Christen der griechischen Hafenstadt Korinth hat der Missionar Paulus diese Dreiheit so beschrieben: „Nun aber bleiben Glaube, Hoffnung, Liebe, diese drei; aber die Liebe ist die größte unter ihnen.“ (1. Korinther 13,13).

Zahlen gehören zu unserem Leben. Ohne die zufällige Ziffernfolge einer Geheimzahl geht gar nichts. Kreditkarte, Kundenkarte, Scheckkarte. Zahlen in der Bibel sind selten Zufall. Sie haben oft eine besondere Bedeutung. Paulus ist davon überzeugt, dass unsere Welt, unser Wissen und unser Wollen vorläufig sind. Bleiben werden mit einem Ewigkeitswert Glaube, Hoffnung, Liebe. Diese drei wollen schon jetzt unser Leben prägen. Im Glauben an Jesus Christus finden Menschen eine begründete Hoffnung und die göttliche Kraft zu einer Liebe, die alles verbindet. Jeder Tag ist dafür eine Zeit zum Testen.

„Nun aber bleiben Glaube, Hoffnung, Liebe, diese drei; aber die Liebe ist die größte unter ihnen."

Essen

Viele Feiertage sind mit festlichem Essen und besonderen Speisen verbunden: Ostereier, Kirmeskuchen, Martinsgans, Weihnachtsstollen. In einer Zeit, wo alles immer zu haben ist, wird das oft wenig beachtet. Doch ein Festessen gehört zur Taufe, zur Hochzeit und sogar zur Totenfeier. Es geht nicht zuerst ums Futtern, sondern um die Gemeinschaft im Kreis der Freunde und Familie. Seit Urzeiten hat das Essen Gemeinschaft gestiftet und gefestigt. Am Lagerfeuer wurden Lebensweisheiten und Glaubenserfahrungen erzählt. Solche Geschichten überliefert uns die Bibel.

Mit dem Abendmahl hat auch der christliche Glaube im Mittelpunkt ein gemeinsames Essen. Es erinnert an das Abschiedsmahl Jesu mit seinen Freunden vor der Kreuzigung. Im Johannesevangelium wird erzählt, wie später der auferstandene Jesus seinen Freunden wieder begegnet. Die hatten ihn vorher verraten und verlassen. Nun waren sie wieder Fischer in der alten Heimat am See Genezareth. In der Morgendämmerung steht Jesus am Ufer. Sie erkennen ihn nicht. Jesus ermutigt sie zum Fischzug, der erfolgreich endet.

„Als sie nun ans Land stiegen, sahen sie ein Kohlenfeuer und Fische darauf und Brot. Spricht Jesus zu ihnen: Bringt von den Fischen, die ihr jetzt gefangen habt! Simon Petrus (...) zog das Netz an Land, voll großer Fische. (...) Spricht Jesus zu ihnen: Kommt und haltet das Mahl!“ (Johannes 21,9-12).

Jesus hält seinen Freunden nicht das Versagen vor. Er lädt sie zum Essen ein. Er ruft auch uns neu in die Gemeinschaft mit ihm. Es ist alles bereit.

„Mit dem Abendmahl hat auch der christliche Glaube im Mittelpunkt ein gemeinsames Essen.“

SCHUHE

Für Frauen scheinen sie eine magnetische Anziehung zu besitzen. Für Männer sind sie auch interessant. Und wir alle tragen sie: Schuhe. Neben einfacher Fußbekleidung gibt es Sportschuhe, Schlittschuhe und Schneeschuhe. Auf der Straße finden wir technische Wunderwerke: Klassische Rollschuhe, moderne *Inliner* und flotte *Skater*. Angefangen hat es wohl mit Sohlen aus derber Tierhaut, die sich Menschen an die Füße banden. Der im Eis gefundene *Ötzi* trug schon vor Jahrtausenden genähte Schuhe. Der Schutz vor Steinen und Dornen, vor Hitze und Frost war in alter Zeit sicher wichtiger als die Mode. Doch haben sich gerade am Schuhwerk Moden und Standesunterschiede gezeigt. Biblische Propheten wettern gegen eigensinnige Reiche und haben auch die Schuhe im Blick:

„Weil die Töchter Zions stolz sind und gehen mit aufgerecktem Halse, mit lüsternen Augen, trippeln daher und tänzeln und haben kostbare Schuhe an ihren Füßen, deshalb wird der Herr den Scheitel der Töchter Zions kahl machen, und der HERR wird ihre Schläfe entblößen. Zu der Zeit wird der HERR den Schmuck an den kostbaren Schuhen wegnehmen und die Stirnbänder, die Spangen (...).“ (Jesaja 3,16-18).

Ein hartes Urteil über Selbstsüchtige. Gott stellt sich auf die Seite der Hilflosen. Unübersehbar ist das an Jesus zu erkennen. Dessen Kommen zeigt Gottes Erbarmen über alle Menschen. Er kommt zu den Armen und auch zu den Armseligen, die im Reichtum versinken. Er hat uns allen Nächstenliebe gezeigt, als er seinen Freunden die Füße wusch.

„Doch haben sich gerade am Schuhwerk Moden und Standesunterschiede gezeigt.“

FREIHEIT (OSTERN)

Endlich ist Ostern. Frische Farben und neues Grün beleben das Land. Der Frühling ist da. Feiertage und eine Urlaubswoche lassen Freude aufkommen. Jüdische Gemeinden feiern in diesen Tagen Pessach. Es ist das *Fest der ungesäuerten Brote* und erinnert an den Auszug aus dem Ägypten der Pharaonen. In der Nacht der Flucht blieb keine Zeit den Sauerteig für Brot anzusetzen. Nach Jahrhunderten der Gefangenschaft zog das Volk in Eile ab. Diese alte Geschichte wird jedes Jahr an Pessach neu erzählt. Im Mittelpunkt steht Gottes Hilfe. Er hat die Sklaverei beendet und die Menschen befreit. Das ist der Kern der biblischen Botschaft bis heute. In den vielen Geschichten wird vor allem eines gesagt: Gott macht frei. Wer sich nur zwei Worte merken will: Gott befreit. Wir können die Bibel auf ein Wort verdichten: Freiheit!

Genau das ist Ostern. Mit seinem Sterben am Kreuz zerbricht Jesus Christus unsere Knechtschaft der Selbstsucht und Sünde. Dem Tod wird das Kreuz gebrochen. Dieses ständige Sterben ist nicht das Letzte. Die Auferstehung von den Toten sprengt unsere Vorstellungen, die in der Todeswelt gefangen sind. Ostern ist das Fest der Freiheit zu einem neuen Leben. Jesus sagt uns: „Ich bin das lebendige Brot, das vom Himmel gekommen ist. Wer von diesem Brot isst, der wird leben in Ewigkeit.“ (Johannes 6,51).

Neues Leben fängt nicht im Jenseits an. Es beginnt heute und überall da, wo Menschen in der Kraft des Glaubens Neues wagen. Dazu sind wir befreit. Endlich ist Ostern!

„Ostern ist das Fest der Freiheit zu einem neuen Leben.“

FEUER

Heller Flammenschein leuchtet durch die Nacht. Auf dem Hügel gegenüber strecken sich die Feuerzungen in den dunklen Himmel. Funkengarben sprühen. Weithin sichtbar verbreitet das Osterfeuer einen geheimnisvollen Lichtglanz und verkündet das Ende des Winters. Seit alter Zeit gehören diese Feuer vielerorts zum Brauchtum. Altes hat ausgedient und wird ins Feuer geworfen. Das Alte ist vergangen und zählt nicht mehr. Es wurde von den gleichen Flammen verbrannt, die uns nun leuchten und wärmen. Die Flammen verbrennen die Macht der kalten und dunklen Jahreszeit und leuchten zugleich in die Zukunft. Der Frühling ist da. Neues Leben kommt.

Feuer ist ein Zeichen der Nähe des lebendigen Gottes. Sein Feuer reinigt und belebt. Das beschreibt die Bibel. So steht der Prophet Elia auf dem Berg Karmel und fordert zu einer besonderen Feuerprobe heraus. Viele im Volk hatten sich vom wirklichen Glauben abgewandt und sich Fruchtbarkeitsgöttern verschrieben, die reiche Ernten versprachen. Zu allen Zeiten lockten schnelles Geld und fremde Götter. Deren Anhänger werden nun aufgefordert: „Ruft ihr den Namen eures Gottes an, aber ich will den Namen des HERRN anrufen. Welcher Gott nun mit Feuer antworten wird, der ist wahrhaftig Gott." (1. Könige 18,24).

Die Feuer der Osternacht verkünden nicht nur das Erwachen der Natur, sondern noch mehr den Sieg des Lebens über Not und Tod: Christus ist auferstanden. Er ist wahrhaftig Gott. Sein Feuer hat die Welt verändert. Sein Licht lädt uns zum Leben ein.

„Feuer ist ein Zeichen der Nähe des lebendigen Gottes. Sein Feuer reinigt und belebt."

4

APRIL

VIER

April

Wenn es nicht auf die Minute sein muss, dann teilen wir die Stunde in vier Viertel. Beim Jahr unterscheiden wir vier Jahreszeiten. Die Vier begegnet uns im Quadrat, im Quartett und beim Quattro-Antrieb einer Automarke mit vier Ringen.

Zahlen gehören zu unserem Leben. Ohne die zufällige Ziffernfolge einer Geheimzahl geht gar nichts. Kreditkarte, Kundenkarte, Scheckkarte. Zahlen in der Bibel sind selten Zufall. Diese Geheimnisse wollen wir lüften.

Es gibt die Vorstellung der vier Elemente: Feuer, Wasser, Erde, Luft. Die Vier gilt als Zahl für die Enden der Erde mit den vier Himmelsrichtungen. Jesus beschreibt die Verbreitung seiner Worte im Bild vom vierfachen Acker. Jemand streut Samen aus:

„Es begab sich, indem er säte, dass einiges auf den Weg fiel; da kamen die Vögel und fraßen's auf. Einiges fiel auf felsigen Boden, wo es nicht viel Erde hatte, und ging alsbald auf, weil es keine tiefe Erde hatte. Als nun die Sonne aufging, verwelkte es, und weil es keine Wurzel hatte, verdorrte es. Und einiges fiel unter die Dornen, und die Dornen wuchsen empor und erstickten's, und es brachte keine Frucht. Und einiges fiel auf gutes Land, ging auf und wuchs und brachte Frucht, und einiges trug dreißigfach und einiges sechzigfach und einiges hundertfach." (Markus 4,4-8).

Gottes Wort wird verschieden aufgenommen. Es kann abgelehnt werden. Das Großartige aber ist: Eine Handvoll Körner bringt vielfache Frucht – bis in die letzten Winkel der Erde und um die Ecke in Ihrer Kirche und Gemeinde.

„Jesus beschreibt die Verbreitung seiner Worte im Bild vom vierfachen Acker."

PROFIL

Es ist höchste Zeit zum Reifenwechsel. Die Faustregel sagt: Winterreifen fahren von Oktober bis Ostern, von O bis O. Der Winter ist vorbei. Die Zeit für Winterreifen auch. Ein anderer Gummi und ein anderes Profil prägen den Sommerreifen, der nun aufgezogen wird. Oft sind es heute fertige Kompletträder, die abmontiert beziehungsweise angeschraubt werden. Wichtig ist der Blick auf den Zustand der Sommerreifen. Sind die für die nächsten Monate noch brauchbar? Gibt es sichtbare Schäden? Wie gut ist das Profil?

Gutes Profil ist nötig: Stabile Kurvenlage, zügiges Anfahren, sicheres Bremsen. Beim Auto oder Motorrad achten wir in der Regel schon auf ordentliche

Reifen. Und wie sieht das Profil des Lebens aus? Die Bibel schildert uns König David als einen gläubigen Herrscher und blendet doch die dunklen Seiten dieses Mannes nicht aus. Er hat schwer gesündigt: Ehebruch, Lügen, Auftragsmord. Es hat ihn voll aus der Kurve getragen und in den Abgrund gestürzt. Er braucht ein neues Profil für sein Leben: „Verbirg dein Antlitz vor meinen Sünden, und tilge alle meine Missetat. Schaffe in mir, Gott, ein reines Herz, und gib mir einen neuen, beständigen Geist. Verwirf mich nicht von deinem Angesicht, und nimm deinen heiligen Geist nicht von mir. Erfreue mich wieder mit deiner Hilfe, und mit einem willigen Geist rüste mich aus.“ (Psalm 51,11-14).

Es geht nicht nur um Runderneuerung, sondern um lebensnotwendige Grunderneuerung. Übrigens: von 0 bis 0. Ohne Kosten von oben geschenkt. Testen lohnt sich.

„Gutes Profil ist nötig. … Und wie sieht das Profil des Lebens aus?“

OSTER-SCHNEE

„Weihnacht im Klee und Ostern im Schnee!" Das sagt eine Wetterregel. Die Erfahrungen vieler Generationen scheinen die Wirklichkeit zu beschreiben. Die Ostertage werden vielerorts von Frost und Flockenwirbel begleitet. Und nun? Wer Ostern nur als buntes Frühlingsfest versteht, wird enttäuscht sein. Wenn wir in den Feiertagen nur eine Zeit für sonnige Ausflüge sehen, dann sehen wir schwarz, weil es draußen weiß geworden ist. Dann gibt das schnell schlechte Laune und führt zur Frage: Das soll Ostern sein?

„Der Engel sprach zu den Frauen: Fürchtet euch nicht! Ich weiß, dass ihr Jesus, den Gekreuzigten, sucht. Er ist nicht hier; er ist auferstanden, wie er gesagt hat. Kommt her und seht die Stätte, wo er gelegen hat; und geht eilends hin und sagt seinen Jüngern, dass er auferstanden ist von den Toten. Und siehe, er wird vor euch hingehen nach Galiläa; dort werdet ihr ihn sehen. Siehe, ich habe es euch gesagt. Und sie gingen eilends weg vom Grab mit Furcht und großer Freude und liefen, um es seinen Jüngern zu verkündigen." (Matthäus 28,5-8).

Hier wird uns Ostern geschildert: Jesus ist auferstanden! Das Leben hat den Tod hinter sich gelassen. Das ist Ostern! Ein Wort des Lebens für die ganze Welt. In den Eiswüsten am Nordpol und den Sandwüsten der Sahara wird es verkündigt. Es gilt unabhängig von der aktuellen Wetterlage und der persönlichen Lebenslage. Übrigens, eine Regel sagt: „Fürchte nicht den Schnee im März, darunter wohnt ein warmes Herz." Lassen Sie das Wirklichkeit werden.

„Das ist Ostern! Ein Wort des Lebens für die ganze Welt. In den Eiswüsten am Nordpol und den Sandwüsten der Sahara wird es verkündigt."

AUF-WACHEN

Wie sind Sie heute erwacht? So langsam und ruhig in dem Wissen: ‚Ich kann ausschlafen.'? Oder war es der Sprung aus dem Bett voller Kraft und Frische? Es gibt Morgenmuffel, mit denen so früh noch nichts los ist. Andere Leute leben nach dem Motto: „Morgenstunde hat Gold im Munde." Wir sind gerade in den Momenten nach den Stunden der Nachtruhe höchst unterschiedlich gestimmt. Fast jeder entwickelt im Laufe der Zeit seine Gewohnheiten und Rituale beim Aufstehen, Waschen und Zähneputzen. Die Bibel schildert uns König David in schwieriger Zeit. Er wurde verfolgt und es waren brenzlige Tage.

Dennoch und vielleicht deshalb beginnt sein Tag mit Gebet:

„Aber du, HERR, bist der Schild für mich, du bist meine Ehre und hebst mein Haupt empor. Ich rufe mit meiner Stimme zum HERRN, so erhört er mich von seinem heiligen Berge. Ich liege und schlafe und erwache; denn der HERR hält mich." (Psalm 3,4-6).

Ein Morgengebet ist ein guter Auftakt für den Tag – unabhängig von unserer Lage und der augenblicklichen Laune. Liegt nicht jeder Morgen vor uns wie ein unbeschriebenes Blatt in unserem Lebensbuch? Wir sollen um Gottes willen nicht die Feder zum Schreiben aus der Hand legen, sondern sie fest ergreifen und mit Gottes Hilfe stark und zuversichtlich in den Tag gehen. Bleibt ein Gebet als Leitwort: „Herr, gib den Mut, die Dinge zu ändern, die ich ändern kann. Gib mir die Gelassenheit, die Dinge hinzunehmen, die ich nicht ändern kann. Und gib mir die Weisheit, das eine vom anderen zu unterscheiden."

„Ein Morgengebet ist ein guter Auftakt für den Tag."

ZIEL

„Der Weg ist das Ziel." Dieser Spruch ist oft zu hören. Demnach ist es ganz entscheidend, auf dem Weg zu sein. Freilich auf dem richtigen, denn der Weg ist schon das Ziel. Ein Rennwagenfahrer wird protestieren. Die Fahne mit den schwarz-weißen Karos ist das Ziel. Ein Marathonläufer wird den Kopf schütteln. Der Weg ist das Ziel, da kann er nur lachen. Das Ziel ist das Ziel. Beim Sport ist der Weg wohl wichtig, aber Medaillen und Pokale gibt es erst nach dem Zieldurchlauf.

„Nicht, dass ich's schon ergriffen habe oder schon vollkommen sei; ich jage ihm aber nach, ob ich's wohl ergreifen könnte, weil ich von Christus Jesus ergriffen bin. (...) Ich vergesse, was dahinten ist, und strecke mich aus nach dem, was da vorne ist, und jage nach dem vorgesteckten Ziel, dem Siegespreis der himmlischen Berufung Gottes in Christus Jesus." (Philipper 3,12-14).

Der Apostel Paulus schreibt diese Sätze in einem Brief an die Christen in der Stadt Philippi im alten Griechenland. Er macht sich Gedanken über seinen Lebenslauf als Christus-Nachfolger. Er weiß sich von Christus ergriffen. Damit hat er schon alles gewonnen. Doch nun will er als Christ leben: wie ein Sportler mit ganzem Einsatz. Die Griechen verstehen etwas vom Sport. Schließlich haben sie die Olympischen Spiele erfunden. Das olympische Prinzip heißt übrigens bis heute: „Dabei sein ist alles!" Das ist ein passender Spruch für den Glauben an Jesus Christus. Er ist der Weg, er ist das Ziel. Er lädt uns ein mit ihm in die Spur zu gehen.

„Jesus Christus – er ist der Weg, er ist das Ziel."

MAI

FÜNF

Mai

Fünf Finger gehören zu einer Hand. Fünf Sänger bilden ein Quintett. Neben den Grundelementen Feuer, Wasser, Erde und Luft sahen antike Philosophen im Äther ein fünftes Element: die Quint-Essenz.

Zahlen gehören zu unserem Leben. Ohne die zufällige Ziffernfolge einer Geheimzahl geht gar nichts. Kreditkarte, Kundenkarte, Scheckkarte. Zahlen in der Bibel sind selten Zufall. Sie haben oft eine besondere Bedeutung. Diese Geheimnisse wollen wir lüften.

Fünf heißt bei den Griechen *penta*. Das Pentagramm ist ein Stern mit fünf Zacken. Ein Fünfeck ist ein Pentagon. In dieser Form bauten die USA ihr Verteidigungsministerium. Die Bibel enthält fünf Bücher Moses. Zusammenfassend werden sie Pentateuch genannt.

Jesus lädt fünftausend Mann zum Abendessen ein und hat nicht mehr als fünf Brote und zwei Fische: „Da nahm er die fünf Brote und zwei Fische und sah auf zum Himmel und dankte, brach sie und gab sie den Jüngern, damit sie dem Volk austeilten. Und sie aßen und wurden alle satt; und es wurde aufgesammelt, was sie an Brocken übrig ließen, zwölf Körbe voll." (Lukas 9,16-17).

In einer Kirche am See Genezareth zeigt ein altes Bodenmosaik dieses Wunder. Zwei Fische links und rechts neben dem Korb mit Brotfladen sind dargestellt. Jeder kann sehen und zählen: Vier Brote im Korb. Ein dummer Künstler oder ein kluger Kopf? Wollte er uns zeigen, dass Jesus selbst das fünfte Brot ist? Er ist unsichtbar, aber gegenwärtig – dort in der Kirche und jeden Tag nahe bei uns. Jesus ist das Brot des Lebens.

„Da nahm er die fünf Brote und zwei Fische und sah auf zum Himmel und dankte, brach sie und gab sie den Jüngern, damit sie dem Volk austeilten."

MAHLZEIT

Wir kennen das: In der Kantine oder im Gasthaus kommt jemand vorbei, blickt auf unseren Tisch und grüßt freundlich: „Mahlzeit!“ Ein Zeichen ausgesuchter Höflichkeit, denn oft ist nichts zu hören. Wir begegnen einander achtlos und grußlos.

„Mahlzeit!“ Am Anfang stand wohl ein Gebet mit der Bitte: „Gott, segne uns die Mahlzeit!“ Es waren die Gedanken an den Geber und die Erfahrungen häufigen Mangels. Selten war es selbstverständlich, dass die Teller randvoll waren. Schlechte Ernten, Katastrophen und Kriege führten zu Hungersnöten. So war es oft eine ernste Bitte ums tägliche Brot und die Bitte um Gottes Segen für das karge Essen. In Jugendtagen haben wir manchmal nicht ganz so ernst gesagt: „Segne, Vater, diese Schüssel, dass wir satt werden von dem bissel!“ Je größer und voller die Teller wurden, umso kleiner und kürzer wurde das Gebet: „Segne uns die Mahlzeit!“ Hier wurde Gott schon vergessen. Aus der Bitte wurde ein Wunsch für den Nachbarn: „Gesegnete Mahlzeit!“ Und weil vielen der Segen Gottes so wichtig auch nicht ist, blieb schlicht: „Mahlzeit!“

Die Bibel ermuntert uns zum Dankgebet: „Danket dem HERRN; denn er ist freundlich, denn seine Güte währet ewiglich. Danket dem Herrn aller Herren, denn seine Güte währet ewiglich. Der Speise gibt allem Fleisch, denn seine Güte währet ewiglich.“ (Psalm 136,1.3.25).

Ein Tischgebet kann den Dank an Gott auch mit der Aufmerksamkeit für die Mühe der Zubereitung verbinden: „Gott, segne diese Gaben und alle, die sie bereitet haben!“

„Danket dem HERRN; denn er ist freundlich ... Der Speise gibt allem Fleisch, denn seine Güte währet ewiglich.“

BEGEHREN

Es ist Frühling geworden. Die Sonne steigt höher und oft auch der Pegel unserer Sinnlichkeit. Die Natur erwacht zu neuem Leben und wir Menschen hoffentlich ebenso. Es ist die Zeit für große Gefühle und herzliches Begehren. Wunderbar, wenn der Wonnemonat uns innerlich berührt.

Die Bibel hat neben vielen sinnlichen Geschichten der Liebe ein ganzes Buch gewidmet: Das Hohelied der Liebe. Hier wird in bildreicher und klangvoller Sprache die Liebe besungen. Folgen wir den Liebenden in eine stille Oase in der orientalischen Wüste und hören zu: „Seine Linke liegt unter meinem Haupte, und seine Rechte herzt mich. Ich beschwöre euch, ihr Töchter Jerusalems, bei den Gazellen (...)

auf dem Felde, dass ihr die Liebe nicht aufweckt und nicht stört, bis es ihr selbst gefällt. Da ist die Stimme meines Freundes! Siehe, er kommt und hüpft über die Berge und springt über die Hügel. Mein Freund gleicht (...) einem jungen Hirsch." (Hoheslied 2,6-9)

Die Liebe braucht Zeit und der Geliebte Zuwendung. Wie Blüten und Blätter sich langsam entfalten, wird die Liebe kommen und wachsen. „Mein Freund antwortet und spricht zu mir: Steh auf, meine Freundin, meine Schöne, und komm her! Denn siehe, der Winter ist vergangen, der Regen ist vorbei und dahin. Die Blumen sind aufgegangen im Lande, der Lenz ist herbeigekommen, und die Turteltaube lässt sich hören in unserm Lande." (Hoheslied 2,10-12).

Es ist Frühling geworden. Lassen wir die Sonne in unser Herz. Geben wir der Liebe Raum und Zeit. Sie ist das Geschenk eines liebenden Gottes.

„Geben wir der Liebe Raum und Zeit. Sie ist das Geschenk eines liebenden Gottes."

HONIG

Ihr Fleiß ist sprichwörtlich. Ihr Erzeugnis ist weltbekannt. Bienen sind seit alter Zeit Begleiter aller menschlichen Kulturen. Schon vor 12.000 Jahren wurde Honig gesammelt. Viele Völker verehren bis heute die emsigen Insekten. Nach Rind und Schwein sollen Bienen unser drittwichtigstes Nutztier sein. Arbeitsbienen müssen gut drei Kilogramm Nektar sammeln, damit am Ende ein Kilogramm Honig entsteht. Weit über 60.000 Flüge sind dafür nötig. Dabei fliegen die Bienen mehrere Kilometer weit und viele Tausend Blüten an und sorgen so zugleich für deren Befruchtung. Das Leben und die Organisation im Bienenstock gleichen einem Wunder. Honig ist der beste Süßstoff, reich an Vitaminen, Mineralien und wichtigen Zusatzstoffen. Darum ist der Honig nicht nur Nahrungsmittel, sondern auch Arzneimittel. Ein Psalmdichter bekennt:

„Ich verwehre meinem Fuß alle bösen Wege, damit ich dein Wort halte. Ich weiche nicht von deinen Ordnungen; denn du lehrest mich. Dein Wort ist meinem Munde süßer als Honig.“ (Psalm 119,101-103).

Dieser Mann schätzt die Bibel. Die Worte und Wegweisungen Gottes sind ihm wichtiger und deshalb süßer als der leckere Honig. Gewiss: Manche Gebote scheinen unsere Freiheit zu beengen und schmecken uns deshalb nicht. Doch der Schein trügt. Wirklich bitter ist es, wenn Menschen erfahren müssen, dass Lügen, Diebstahl, Ehebruch und Neid das Leben vergiften. Der Honigtopf auf dem Frühstückstisch erinnert uns an Gottes Wort. Es ist die beste Medizin – sogar eine süße!

„Ich verwehre meinem Fuß alle bösen Wege, damit ich dein Wort halte. Ich weiche nicht von deinen Ordnungen; ... Dein Wort ist meinem Munde süßer als Honig.“

WETTER

Alle reden über das Wetter. Wir heute auch. Weil jeden Tag anderes Wetter ist, gibt es jeden Tag etwas darüber zu reden. Wann kommt der nächste Regen für die Kartoffeln im Acker? Hoffentlich bleibt es trocken für die Erdbeeren im Garten! Hauptsache schönes Wetter im Urlaub! Jeder hat Hoffnungen, Wünsche und Erwartungen an Wind, Wolken und Wärme. Wie wird das Wetter morgen? Schnell sind wir beim viel besseren Wetter vor Jahrzehnten. Da waren Sommer noch richtige Sommer – oder? Und erst der Winter! Wir sorgen uns oft um das Wetter. Zur Zeit von Jesus war es nicht anders:

„Er sprach aber zu der Menge: Wenn ihr eine Wolke aufsteigen seht vom Westen her, so sagt ihr gleich:

Es gibt Regen. Und es geschieht so. Und wenn der Südwind weht, so sagt ihr: Es wird heiß werden. Und es geschieht so. Ihr Heuchler! Über das Aussehen der Erde und des Himmels könnt ihr urteilen; warum aber könnt ihr über diese Zeit nicht urteilen?" (Lukas 12,54-56).

Jesus erinnert daran, dass wir mit dem besorgten Blick zum Himmel und der Frage nach dem Wetter eines nicht vergessen sollen: Der Himmel kam auf die Erde. Jesus ist uns nahe. Jetzt ist die Zeit der Gnade und des Glaubens. Das Kreuz steht als Zeichen der Rettung in dieser Welt. Es steht wie ein Pluszeichen vor jedem Menschenleben und ist zuverlässiger als alle Wetterregeln. Im Glauben an Jesus Christus können wir unsere Vergangenheit neu ordnen lassen und so Zukunft gewinnen. Jesus vergibt Schuld. Da kommt Freude auf, egal wie das Wetter wird.

„Jesus erinnert daran, dass wir mit dem besorgten Blick zum Himmel und der Frage nach dem Wetter eines nicht vergessen sollen: Der Himmel kam auf die Erde. Jesus ist uns nahe."

6

JUNI

SECHS

Juni

Ein gleichmäßiger Stern mit sechs Zacken ist als *Davidstern* seit alters ein Zeichen des jüdischen Volkes. In der nationalsozialistischen Zeit als ein Schandmal verwendet, zeigt sich der *Judenstern* heute in der Flagge des Staates Israel und wird selbstbewusst getragen.

Bei der *Sechs* fallen mir auch die *Zehn Gebote* ein. Dort ist von sechs Tagen die Rede, an denen wir schaffen sollen, um den siebten Tag frei zu haben. Sechs Tage in der Woche sind Alltage: „Sechs Tage sollst du arbeiten und alle deine Werke tun." (5. Mose 5,13). Denn, so heißt es in dem Zusammenhang, der Schöpfer hat in sechs Tagen die Welt erschaffen. Gerätselt wird bis heute: Waren das sechs 24-Stunden-Tage? Oder waren das andere *Tage*? Klar ist, dass von Anfang an ein Maß an Ordnung zu dieser Welt gehört und uns Menschen helfen will.

Zahlen gehören zu unserem Leben. Ohne die zufällige Ziffernfolge einer Geheimzahl geht gar nichts. Kreditkarte, Kundenkarte, Scheckkarte. Zahlen in der Bibel sind selten Zufall. Sie haben oft eine besondere Bedeutung.

„Sechs Jahre sollst du dein Land besäen und seine Früchte einsammeln. Aber im siebenten Jahr sollst du es ruhen und liegen lassen, dass die Armen unter deinem Volk davon essen; und was übrig bleibt, mag das Wild auf dem Felde fressen." (2. Mose 23,10-11) Ein hilfreiches Gebot, das uns Schranken setzt. Genau so werden Mensch und Umwelt am Leben erhalten. Nach sechs Tagen, nach sechs Jahren und überhaupt: Wir können einfach eine Pause machen! Gott sei Dank!

„Genau so werden Mensch und Umwelt am Leben erhalten. Nach sechs Tagen, nach sechs Jahren und überhaupt: Wir können einfach eine Pause machen!"

DORN

Es muss beim Schneiden der Hecke passiert sein oder beim Griff unter den Rosenstrauch: ein stechender Schmerz an der Fingerkuppe. Kaum sichtbar hatte sich ein Dorn neben den Fingernagel geschoben. Nichts Schlimmes. Der kleine Stich war bald vergessen. Am nächsten Tage jedoch meldete sich der Dorn wieder. Genauer gesagt: der Finger mit leichten Schmerzen. Kleine Ursache, große Wirkung. Denn es wurde schlimmer und jede Berührung wurde schmerzhafter. Eine dumme Geschichte. Unser Körper reagiert auf Verletzungen mit Schmerzen. Ein Warnsystem sorgt für Alarm. Doch gerade wenn es schmerzt, können wir dankbar sein. Der Organismus ist in Ordnung, denn er merkt und meldet eine Krankheit oder eine Wunde. Ein Wunderwerk der Schöpfung! In einem Psalm heißt es:

„Denn du hast meine Nieren bereitet und hast mich gebildet im Mutterleibe. Ich danke dir dafür, dass ich wunderbar gemacht bin; wunderbar sind deine Werke; das erkennt meine Seele." (Psalm 139,13-14).

Ist unser Körper eine großartige Schöpfung eines genialen Schöpfers? Oder bin ich das Ergebnis von Milliarden Zufällen seit Millionen Jahren? Bin ich einfach nur eine Laune der Natur? Die Wissenschaft stellt diese Frage und beantwortete sie im Lauf der Zeit unterschiedlich. Wir schmunzeln heute über manche Erkenntnisse und Heilmethoden des Mittelalters. Werden andere in hundert Jahren über unsere Lehrbücher lachen?

Der Schmerz am Finger zog sich noch fünf Tage hin. Dann ließ sich der Dorn ausdrücken. Der Körper selbst hatte das Übel ausgemerzt. Wunderbar!

„Unser Körper reagiert auf Verletzungen mit Schmerzen. ... er merkt und meldet eine Krankheit oder eine Wunde. Ein Wunderwerk der Schöpfung!"

HIMMELFAHRT

Für viele ist er ein willkommener Feiertag im Frühling. Vierzig Tage nach Ostern, immer an einem Donnerstag, lädt er zum Kurzurlaub ein. Es ist Christi Himmelfahrt. Das ist ein kaum verständlicher Name für ein wichtiges Ereignis. In Zeiten der Raumfahrt denken wir an das Abheben Richtung Kosmos und den Flug zu den Sternen.

Doch Christus ist nicht in den Tiefen des Weltraums verschwunden. Er hat sich nicht von dieser Erde verabschiedet. Der gekreuzigte und auferstandene Christus tritt seine Herrschaft an. Er hat die Regierung übernommen und sitzt so gesehen nun ganz oben. Er hat uns nicht im Stich gelassen. *Himmelfahrt* bedeutet das Gegenteil: Christus kommt uns so nahe wie der Himmel über uns. Der Himmel beginnt direkt vor der Haustür, oder? Berührt er nicht die Erde? Sind wir beim Spaziergang am Himmelfahrtstag nicht selbst schon im Himmel unterwegs? Jesus Christus ist für unsere Augen nicht sichtbar, die uns umgebende Luft sehen wir auch nicht. Sie ist einfach da und Christus auch. Die Luft ist uns noch näher als Jacke, Hose und Rock.

Auf dem Marktplatz in Athen sprach der Apostel Paulus zu den gelehrten Griechen. Angesichts der toten Götterbilder und steinernen Statuen verkündigte er den lebendigen Christus: „Fürwahr, er ist nicht ferne von einem jeden unter uns. Denn in ihm leben, weben und sind wir." (Apostelgeschichte 17,27-28).

Wie die lebenserhaltende Luft uns durchflutet, so will Christus in unserem Leben wirken. Das sagt uns jeder Luftzug. Deshalb: kräftig durchatmen!

„Fürwahr, er ist nicht ferne von einem jeden unter uns. Denn in ihm leben, weben und sind wir."

Ameise

Im Küchenschrank oder im Badezimmer sind sie uns lästig. Ameisen wollen wir da nicht haben. Dabei sind sie in Wald und Flur nützliche Tiere. Sprichwörtlich ist ihr Fleiß. Mehr als zehntausend Arten unterscheiden die Forscher. Ameisen sind weltweit verbreitet. Manche Arten ernähren sich von Aas, andere melken Blattläuse und andere sammeln Samen und Körner. Solche *Ernte-Ameisen* sind in den Wüsten zu finden. Denen hat ein kluger Kopf zugeschaut. Er hat uns in der Bibel einen Tipp hinterlassen:

„Geh hin zur Ameise, du Fauler, sieh an ihr Tun und lerne von ihr! Wenn sie auch keinen Fürsten noch Hauptmann noch Herrn hat, so bereitet sie doch ihr Brot im Sommer und sammelt ihre Speise in der Ernte. Wie lange liegst du, Fauler! Wann willst du aufstehen von deinem Schlaf?" (Sprichwörter 6,6-9).

Nun, der Ameisenstaat hat durchaus eine Gliederung von Arbeitern und Soldaten, von Brutpflegerinnen und der Königin. Das Sprichwort will deutlich machen: Die Ameisen arbeiten aus eigenem Antrieb auch ohne Antreiber. So sollen auch Menschen aktiv um ihr Leben besorgt sein. In alten Zeiten galt der *Müßiggang* als schwere Sünde. Tage oder nur Stunden ohne Beschäftigung schienen aller Laster Anfang zu sein. Heute gibt es eine bunte *Freizeit-Industrie*, die uns die Zeit füllen will. Nicht schlecht. Ärgerlich wird es jedoch, wenn wir uns die Zeit vertreiben lassen. Es ist unsere einmalige Lebenszeit. Mancher merkt nach verplemperten Stunden vor der Mattscheibe: Besser – ich hätte etwas anderes gemacht!

„Geh hin zur Ameise, ... sieh an ihr Tun und lerne von ihr!"

FEST-TAG (PFINGSTEN)

Wieder steht ein Fest der Christen im Kalender: Pfingsten. Am fünfzigsten Tage (griechisch: *pentaekoste*) nach Ostern feiert die weltweite Kirche ihren Geburtstag. Über die verschiedenen Konfessionen hinweg geht die Erinnerung zurück an ein Ereignis in Jerusalem. Der Tempel feierte das sogenannte *Wochen-Fest*, sieben Wochen nach dem *Fest der ungesäuerten Brote*. Zehntausende waren in die Stadt gekommen und feierten ein fröhliches Pilger-Fest im Zeichen der ersten Ernte. Petrus hatte gepredigt. Tausende hörten Worte von Jesus Christus und glaubten. Sie bildeten die erste Gemeinde.

Im Ablauf eines Jahres nennt die Bibel viele Feiertage. Das ist eigentlich prima. Doch es gab immer auch Menschen, die lieber arbeiten und Geschäfte machen wollten. Zeit ist Geld. Doch Geld ist nicht alles, das wusste auch König David:

„(Er) ordnete an, dass man die Feiertage würdig begehen und die Jahresfeste prächtig feiern sollte, damit der heilige Name des Herrn gelobt und vom frühen Morgen an das Heiligtum davon erfüllt würde." (Sirach 47,12).

Feiertage geben unserem Leben einen Rhythmus. Sie ragen wie Gipfel aus dem Alltag und weisen nach oben. Sie sind Fest-Tage, an denen sich unser Leben und unser Glaube neu festmachen können. Feiertage sind Anker für unsere Seele. Sie machen wieder fest, wo Verbindungen locker geworden sind oder Kontakte verkrusteten. Pfingsten lädt neu zum Glauben und in die Gemeinde ein. Vielerorts gibt es Gottesdienste im Freien. Alle sind eingeladen. Feiern Sie mit!

„Feiertage sind Anker für unsere Seele."

7

JULI

SIEBEN

Juli

Wer seine Siebensachen gepackt hat, kann getrost verreisen. Denn da wurde nichts vergessen. Das Altertum zählte sieben Weltwunder. Wir sprechen von den sieben Weltmeeren. Und wer erinnert sich nicht? Schneewittchen wohnte hinter sieben Bergen bei den sieben Zwergen. Das tapfere Schneiderlein stickte sich auf die Weste: „Sieben auf einen Streich“. Im Mittelalter galt die Sieben als Zahl der Vollkommenheit. Sie verbindet den Himmel und die Erde, den dreieinigen Gott und die vier Windrichtungen der Erde, das Dreieck und das Viereck.

Zahlen gehören zu unserem Leben. Ohne die zufällige Ziffernfolge einer Geheimzahl geht gar nichts. Kreditkarte, Kundenkarte, Scheckkarte. Zahlen in der Bibel sind selten Zufall. Diese Geheimnisse wollen wir lüften.

Die jüdische Tradition sieht in der Sieben eine Zahl der Harmonie und eines vollständigen Ganzen. Die *Menora*, der siebenarmige Leuchter, erinnert an den Lebensbaum und steht auch für die sieben Tage einer Woche. Der siebente Tag *Shabbat* ist ein heiliger Tag, ein Tag der Ruhe ohne Arbeit.

Christen zählen die sieben Worte Jesu am Kreuz. Eines heißt: „Es ist vollbracht.“ (Johannes 19,30). Das ist ein Wort des Lebens in der Stunde des Sterbens. Jesus überwindet Sünde und Tod durch sein Opfer. Wer das im Glauben annimmt, erlangt vollkommene Vergebung und kann auch dem Mitmenschen vergeben: „Wenn er siebenmal am Tag an dir sündigen würde und siebenmal wieder zu dir käme und spräche: Es reut mich!, so sollst du ihm vergeben.“ (Lukas 17,4).

„Wenn er siebenmal am Tag an dir sündigen würde und siebenmal wieder zu dir käme und spräche: Es reut mich!, so sollst du ihm vergeben.“

MEER

In den kommenden Urlaubswochen zieht es wieder viele ans Meer. Das Spiel der Wellen, das Schäumen der Gischt und die Kraft der Brandung haben einen besonderen Reiz. Ein Sonnenuntergang über dem bis zum Horizont reichenden Meer nimmt uns immer neu gefangen und wir fangen das Schauspiel zum hundertsten Mal mit der Kamera ein. Es ist einfach so schön am Meer. Wir genießen die einzigartige Stimmung, die salzige Luft, die angenehme Brise.

Doch das Meer hat auch andere Seiten. Ungestüme Wellenberge versenken selbst stabile Schiffe. Haushohe Riesenwogen verwüsten ganze Landstriche. Gefährliche Strömungen fordern jedes Jahr Menschenopfer. Diese dunkle Seite des Meeres hat der

Psalmdichter vor Augen und noch mehr: Er sieht das brausende und aufgewühlte Völkermeer mit Kriegen und Katastrophen.

„Die Wasserwogen im Meer sind groß und brausen mächtig; der HERR aber ist noch größer in der Höhe. Dein Wort ist wahrhaftig und gewiss." (Psalm 93,4-5).

Der Gott der Bibel ist nicht einfach nur der Herr der Ozeane und Seen. Er behält den Überblick auch über das Meer der Menschen. Er ist allmächtig. Oft stellt sich die Frage: Warum greift Gott nicht schneller ein und rettet vor dem Untergang? Doch Gott ist nicht immer der Sofort-Reparaturdienst der von uns verschuldeten Nöte. Und dennoch: Weil Gott größer als unsere Probleme ist, kann er helfen. Das erzählen Menschen von biblischen Zeiten an bis in unsere Tage. Gott verliert die weltweiten Krisen und die persönlichen Sorgen nicht aus dem Blick.

„Die Wasserwogen im Meer sind groß und brausen mächtig; der HERR aber ist noch größer in der Höhe. Dein Wort ist wahrhaftig und gewiss."

GEFÄNGNIS

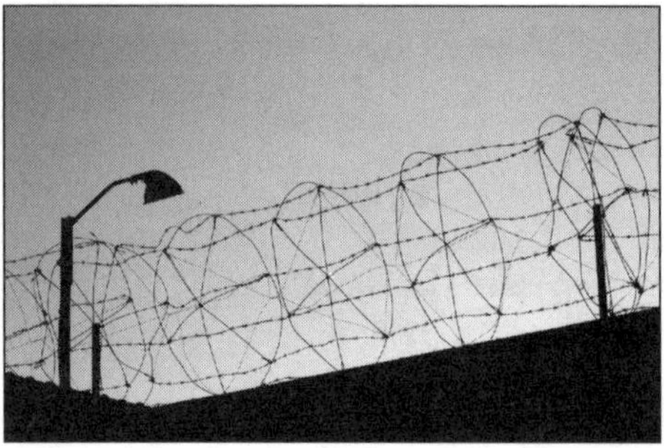

Wer war schon im Gefängnis? So ein Knast erscheint als eigene und eigenartige Welt für alle, die draußen sind. Es muss ein im tiefsten Sinne befreiendes Gefühl sein, von dort wieder gehen zu können und nicht sitzen zu müssen. Welche Freude für diejenigen, die gesessen haben, wenn sich endlich die Türen öffnen.

Die beiden Christus-Prediger Paulus und Silas saßen in der Stadt Philippi im Gefängnis. Sie waren wegen ihres Glaubens mit Stöcken geschlagen worden und sollten eigentlich niedergeschlagen sein. Doch sie bleiben fest im Glauben und loben sogar ihren Gott. Da horchen selbst die anderen Gefangenen auf. Als um Mitternacht durch ein Erdbeben die Türen aufspringen, gerät auch der Knastbeamte ins Grübeln. Doch erst jetzt geschieht das Wunder, denn die beiden Christen und alle Gefangenen bleiben in ihren Zellen. Das hatte die Welt noch nicht erlebt und der Aufseher auch nicht:

„Er führte sie heraus und sprach: Liebe Herren, was muss ich tun, dass ich gerettet werde? Sie sprachen: Glaube an den Herrn Jesus, so wirst du und dein Haus selig! Und sie sagten ihm das Wort des Herrn und allen, die in seinem Hause waren."
(Apostelgeschichte 16,30-32).

Gott geht eigenartige Wege mit uns Menschen. Mussten Paulus und Silas in den Knast, um gerade den Aufseher in die Freiheit zu führen? Sind Umwege in der Lebensführung vielleicht ein Segen für andere? Monate im Gefängnis, Wochen der Trauer, Tage im Krankenhaus können uns und den Menschen neben uns die Augen und Lebenstüren öffnen.

„Monate im Gefängnis, Wochen der Trauer, Tage im Krankenhaus können uns und den Menschen neben uns die Augen und Lebenstüren öffnen."

POSTKARTE

„Schreib mal wieder!“ Das war vor Jahren ein Werbespruch der Post. Sicher ging es um mehr Karten, mehr Briefmarken und so gesehen um ein gutes Geschäft. Aber dahinter stand auch der gute Gedanke, Menschen zu verbinden – damals im noch geteilten Deutschland.

In Zeiten allgegenwärtiger Mobil-Telefone und deren Gebimmel an allen Orten wirkt die Postkarte etwas angestaubt. Von Handy zu Handy eilen Grüße, Glückwünsche und Urlaubsbilder. Sogar Mini-Filme können elektronisch verschickt werden. Doch der traditionelle Kartengruß ist nicht altmodisch geworden. Eine prächtige Ansichtskarte aus dem Urlaub oder eine nette Spruchkarte sind originell und ein

Zeichen liebevoller Aufmerksamkeit. Eine Grußkarte ins Krankenhaus oder eine Trostkarte in ein Haus, wo Trauer herrscht, kann einen Lichtblick geben und mehr: Solche Karten von eigener Hand geschrieben sind kleine Schätze, die viele gern aufbewahren.

Der Apostel Paulus hat zahlreiche Briefe verfasst, genauer gesagt: einem Schreiber diktiert. Das war damals so üblich. Mit einem handschriftlichen Gruß am Ende zeigte der Apostel den Empfängern seine Wertschätzung: „Der Gruß mit meiner, des Paulus, Hand. Das ist das Zeichen in allen Briefen; so schreibe ich. Die Gnade unseres Herrn Jesus Christus sei mit euch allen!“ (2. Thessalonicherbrief 3,17-18).

Wer freut sich auf einen persönlichen Kartengruß von Ihrer Hand? Wem kann ein Segenswunsch eine Hilfe sein? Wo wird eine Postkarte Freude wecken? In diesem Sinne: „Schreib mal wieder!“

„Wer freut sich auf einen persönlichen Kartengruß von Ihrer Hand?“

LEBENS-BROT

Gemeinsames Essen verbindet. Freunde und Familien sitzen gern zusammen am Tisch. Geburtstage, Hochzeitstage und sonstige Feiertage sind häufig mit einem ausgiebigen Festessen verbunden. Beim Grillabend im Freien kommt vielleicht jene urtümliche Stimmung auf mit der Erinnerung: Jahrtausende begegneten sich Menschen am Lagerfeuer zum Schmausen. Die Bibel schildert uns in vielen Geschichten, dass gemeinsames Essen Freude bringt und Frieden stiftet. Genau betrachtet steht im Mittelpunkt kirchlichen Lebens auch das gemeinsame Essen. Es heißt Abendmahl, Herrenmahl oder Gedächtnismahl, wenn Brot und Wein in einer Feier ausgeteilt werden. Freikirchen nennen das oft Brotbrechen. Orthodoxe und vor allem katholische Gemeinden sprechen von der Eucharistie, der Danksagung. Dort wird am Donnerstag *Fronleichnam* gefeiert, ein Fest voller Dank für das Lebensbrot, das Jesus Christus selber ist.

„Dies ist das Brot, das vom Himmel kommt, damit, wer davon isst, nicht sterbe. Ich bin das lebendige Brot, das vom Himmel gekommen ist. Wer von diesem Brot isst, der wird leben in Ewigkeit." (Johannes 6,50-51).

Das Fest stammt aus dem Mittelalter, das Wort ebenfalls: Ein Fron ist ein Herr. Der *Frondienst* war die kostenlose Arbeit für den Grundherrn. *Leichnam* ist eigentlich ein bedeckter Körper, sogar ein lebendiger Leib. Christus ist der Herr. Sein Leib wird im Brot sichtbar. Über Kirchengrenzen hinweg und über Kirchenmauern hinaus ist jeder Mensch zum Festessen mit Jesus eingeladen.

„Ich bin das lebendige Brot, das vom Himmel gekommen ist. Wer von diesem Brot isst, der wird leben in Ewigkeit."

8

AUGUST

ACHT

August

Wer sich „heute in acht Tagen“ verabredet, meint in einer Woche. Die Römer zählten das Heute mit, wir tun es auch. Mit dem achten Tag beginnt eigentlich die Zählung einer neuen Woche. Am achten Tag nach der Geburt werden in feierlicher Zeremonie jüdische Knaben beschnitten. Es ist das Bundeszeichen Israels. So wurde auch Jesus beschnitten, der Jude aus Nazareth.

Zahlen gehören zu unserem Leben. Ohne die zufällige Ziffernfolge einer Geheimzahl geht gar nichts. Kreditkarte, Kundenkarte, Scheckkarte. Zahlen in der Bibel sind selten Zufall. Sie haben oft eine besondere Bedeutung.

Die Acht markiert einen Neubeginn. Acht Menschen überlebten die große Flut in der Arche. Mit ihnen begann eine neue Geschichte der Menschheit, so erklärt es die Bibel. Der achte Sohn des Mannes Isai aus Bethlehem wurde vor dreitausend Jahren Israels großer König David. Aus dessen Sippe wurde jener Herrscher erwartet, der am Ende der Zeit ein Friedensreich auf Erden errichtet, der Messias, der Gesalbte, der Christus. Christen bekennen: Jesus ist dieser Christus. Er starb am Kreuz und wurde von den Toten auferweckt und lebt. Am Ostersonntag begegnet er seinen Freunden und dann am Sonntag darauf.

„Und nach acht Tagen waren seine Jünger abermals drinnen versammelt, und Thomas war bei ihnen. Kommt Jesus, als die Türen verschlossen waren, und tritt mitten unter sie und spricht: Friede sei mit euch!" (Johannes 20,26).

Diesen Zuspruch hören wir jeden Sonntag im Gottesdienst und erfahren wir im Glauben an jedem Tag.

„Zahlen in der Bibel sind selten Zufall. Sie haben oft eine besondere Bedeutung. Die Acht markiert einen Neubeginn."

BLITZ

Die Schwüle des Tages hängt noch in der Luft. Es ist schweißtreibend warm. Von der Terrasse aus kann ich das Auftürmen der Wolken beobachten. Es ist rasch dunkel geworden. Schwarz steht eine Gewitterwand am Horizont. Fernes Grollen und Donnern. Blitze zucken kreuz und quer.

Der Himmel sieht aus, als wolle die Welt untergehen. Künstler haben die letzten Momente der Menschheitsgeschichte vielfach mit dunklen Farben gemalt. Sturm, Hagel, Blitz und Donner – Gewitterstimmung. Die Bibel beschreibt den Weltuntergang mit finsteren Visionen. „Ihr werdet hören von Kriegen und Kriegsgeschrei; seht zu und erschreckt nicht. Denn das muss so geschehen; aber es ist noch nicht das Ende da. Denn es wird sich ein Volk gegen das andere erheben und ein Königreich gegen das andere; und es werden Hungersnöte sein und Erdbeben." (Matthäus 24,6-7).

Doch diese Bilder wollen nicht Ängste verbreiten und einschüchtern. Gerade in schwierigen Zeiten war es für viele ein Wort voller Hoffnung, wenn es in der Bibel heißt: „Denn wie der Blitz ausgeht vom Osten und leuchtet bis zum Westen, so wird auch das Kommen des Menschensohns sein." (Matthäus 24,27).

Diese Welt wird ein Ende haben. Das denken und glauben viele. Doch dieses Ende soll ein neuer Anfang werden. So wie der Donner zum Blitz gehört und der Blitz zum Gewitter, so sicher ist es, dass Jesus sichtbar wiederkommt und alles neu machen wird. Gustav Heinemann hat einmal gesagt: „Alle Herren dieser Welt gehen, aber unser Herr, der kommt." Dies soll uns heute Lebensmut geben.

„Denn wie der Blitz ausgeht vom Osten und leuchtet bis zum Westen, so wird auch das Kommen des Menschensohns sein."

TOMATEN

Auf jeder Speisekarte sind sie zu finden. Manchmal sind sie versteckt in Soßen und Salaten. Beim Stichwort *Ketchup* weiß jeder Bescheid. Es geht um Tomaten. In vielen Varianten begegnen uns die meist knallroten Früchte eines ursprünglich mittelamerikanischen Nachtschattengewächses: Cherrytomaten, Fleischtomaten, Strauchtomaten, Eiertomaten. Allen Sorten gemeinsam ist der Gehalt wichtiger Vitamine und Spurenelemente. Experten heben den wertvollen Kaliumbestandteil hervor und betonen den Abwehreffekt im Hinblick auf Krebs. Der rote Farbstoff wirkt lebensfördernd.

Die Bibel kennt keine Tomaten. Sie werden nirgends erwähnt. Wir können die ganze Heilige Schrift durchlesen. Von Tomaten keine Spur. Die Bibel erzählt uns nicht alles über Obst und Gemüse, aber sie sagt uns alles über Leben und Glauben. „Denn der Menschensohn ist nicht gekommen, dass er sich dienen lasse, sondern dass er diene und sein Leben gebe als Lösegeld für viele." (Markus 10,45).

Jesus Christus versteht etwas vom Leben. Er kennt uns Menschen, war ein Niedriggeborener, ein Außenseiter, ein Verachteter und am Ende ein als Verbrecher Hingerichteter. Keine große menschliche Karriere. Er kam, um uns zu dienen. Noch mehr, um uns zu retten. Sein Sterben ist unser Leben. Was uns von Gott und Mitmenschen trennt, was Beziehungen lähmt und zerstört, hat er aus der Welt geschafft. Jesus hat den Krebs der Sünde besiegt. Das kräftige Rot der Tomaten kann uns daran erinnern, selbst wenn die Bibel Tomaten gar nicht kennt.

„Jesus hat den Krebs der Sünde besiegt. Das kräftige Rot der Tomaten kann uns daran erinnern, selbst wenn die Bibel Tomaten gar nicht kennt."

FISCH

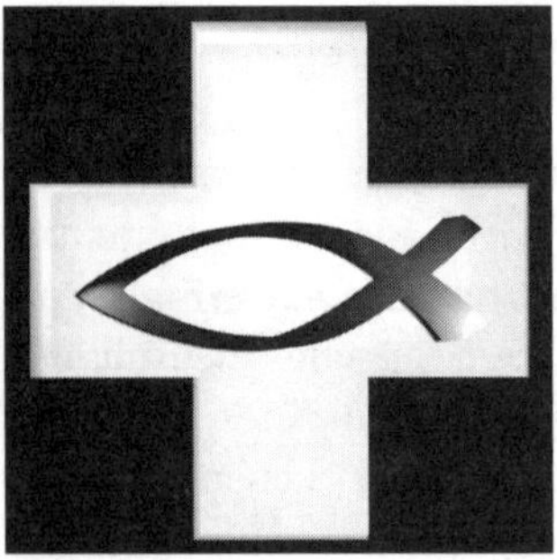

Aufkleber am Koffer lassen meist ehemalige Reiseziele des Besitzers erkennen: Berlin, Paris, Brocken, Rennsteig. Viele zeigen ihre Zuneigung zum Fußballverein mit einem Aufkleber am Auto. Mitmenschen sollen sehen, für wen das Herz schlägt. Geschäftsfahrzeuge und Lieferwagen tragen werbewirksam Internet-Adressen, Aufschriften und das Firmenlogo.

Andere wollen sich mit bestimmten Kennzeichen eher verbergen. Geheimzeichen sind nur für einen bestimmten Kreis verständlich. Mancher kennt das aus der Kinderzeit oder den Büchern von Karl May. Da waren es Spaß und Spiel, wenn die Bande der *Krähenfüße* gegen die *Schildkröten* zu Felde zog. Für die Christen der ersten Gemeinden im Römischen Reich waren geheime Zeichen oft lebenswichtig. In den Katakomben Roms sind eingeritzte Kreuze, Lebensbäume und Fische zu finden. Das Fisch-Zeichen war zugleich eine kurze Predigt. Das griechische Wort für *Fisch* heißt *ICHTHYS*. Christen sahen in den einzelnen Buchstaben die Anfänge für das Bekenntnis: I (Jesus), CH (Christus), TH (Theou – Gottes), Y (hYos – Sohn), S (Soter – Retter). Das ist kurz und treffend ein Glaubenszeugnis. Eine Frau namens Martha brachte es im Gespräch mit Jesus so auf den Punkt:

„Sie spricht zu ihm: Ja, Herr, ich glaube, dass du der Christus bist, der Sohn Gottes, der in die Welt gekommen ist.“ (Johannes 11,27).

Auch heute ist das Fisch-Zeichen zu entdecken: Es stand für einen Evangelischen Kirchentag. Es ist als Aufkleber an vielen Autos zu sehen. Es ist Wegweiser hin zu Jesus Christus.

Das griechische Wort für Fisch
heißt ICHTHYS:
I (Jesus), CH (Christus),
TH (Theou – Gottes), Y (hYos –
Sohn), S (Soter – Retter).

GIER

Geldgier? Habgier? Neugier? Sind das Fremdworte oder nicht? Wir Menschen sind oft gierig. Aus einem Wunsch mit gesundem Verlangen wird am Ende maßloses Begehren. Es darf doch gern etwas mehr sein und noch mehr und noch viel mehr. Begierig horten manche eigensüchtig Geld und Gut. Sinnliche Begierden nach gutem Essen, reichlichem Trinken und fremden Körpern werden schnell zur Sucht. Wir selbst sind selten so, das ist klar. Es sind doch immer die anderen die Gierigen, die den Hals nicht voll bekommen können.

Pharisäer nennen wir gern die Leute, die ihre wirklichen Gedanken und ihr Handeln gut verbergen können. Nach außen ist scheinbar alles perfekt, drinnen sieht es ganz anders aus. Eigentlich waren die Pharisäer fromme Menschen zu Jesu Zeiten, die ihren Glauben ernst nahmen. Doch auch bei Gläubigen gibt es die Gefahr, dass Heilige zu Scheinheiligen werden.

„Weh euch, Schriftgelehrte und Pharisäer, ihr Heuchler, die ihr die Becher und Schüsseln außen reinigt, innen aber sind sie voller Raub und Gier! Du blinder Pharisäer, reinige zuerst das Innere des Bechers, damit auch das Äußere rein wird!" (Matthäus 23,25-26).

Jesus kennt uns Menschen. Deshalb geht sein Blick tiefer als unser Blick in den Spiegel. Jesus blickt durch und er erkennt hinter der Fassade unsere Fehler. Das gilt für die Menschen mit Glauben und die ohne Glauben. Er will allen helfen. Durch Vergebung geschieht Reinigung. So gibt es einen Neuanfang. Das ist eine gute Nachricht für jeden, der das Leben sucht.

„Jesus kennt uns Menschen. ... er erkennt hinter der Fassade unsere Fehler. Das gilt für die Menschen mit Glauben und die ohne Glauben. Er will allen helfen."

9

SEPTEMBER

NEUN

September

Die Neun ist in der Vorstellung der Menschen eine geheimnisvolle Zahl. *Alle Neune* gilt es beim Kegeln. Sprichwörtlich sind die neun Leben einer Katze. Volksweisheiten und Aberglauben haben sich verbunden, wenn am Heiligabend im Erzgebirge traditionell *Neunerlei* serviert wird und manche Blei gießen. Neun ausgewählte Kräuter gehören zur grünen Soße, die aus Hessen stammt. Geheimrat Goethe soll sie lebenslang besonders am Gründonnerstag geschätzt haben: diese *grüne Neune.* Das ist auch ein Ausruf des Schreckens, der aus dem Kartenspiel stammen soll. Das Geheimnis menschlichen Lebens offenbart sich nach neun Monaten Schwangerschaft.

Zahlen gehören zu unserem Leben. Ohne die zufällige Ziffernfolge einer Geheimzahl geht gar nichts. Kreditkarte, Kundenkarte, Scheckkarte. Zahlen in der Bibel sind selten Zufall. Sie haben oft eine besondere Bedeutung. Ein Heilungswunder wird erzählt. Jesus hatte zehn Aussätzige gesund gemacht und zur Bestätigung ihrer Genesung zum Priester geschickt. Später kommt einer zurück um sich zu bedanken. Jesus staunt: „Sind nicht die zehn rein geworden? Wo sind aber die neun? Hat sich sonst keiner gefunden, der wieder umkehrte, um Gott die Ehre zu geben, als nur dieser Fremde?“ (Lukas 17,17-18).

Neun Geheilte haben das Danken vergessen. Nicht so schlimm, oder doch? Wer danken kann, lebt zufriedener. Einerseits sehen wir die Wunder des Alltages neu, andererseits baut das Danken Brücken – zu anderen Menschen und zu Gott.
Wofür können Sie heute danken? Und wem?

„Die Neun ist in der Vorstellung der Menschen eine geheimnisvolle Zahl.“

BURG

Sie sind beliebte Reiseziele und gesuchte Fotomotive, es sind geschätzte Werke der Baukunst und bekannte Orte der Geschichte: die Burgen in unserem Land. Die Hohenzollernburg erinnert uns an die Macht und Pracht der Preußenkönige und Kaiser. Die Wartburg verbinden wir mit dem Leben der Elisabeth von Thüringen und der Bibelübersetzung Martin Luthers. Die Augustusburg steht für Sachsens Glanz und Gloria unter August dem Starken. Geniale Bauherren planten Mauern und Gebäude auf steilen Felsklippen. Fleißige Bauleute mussten mühsam Material ankarren und die Festungen errichten. Die meisten Burgen stehen hoch oben. Nicht selten waren sie Trutzburgen und Fluchtburgen in notvollen Zeiten. Sie waren Orte der Zuflucht und boten Schutz bei Unwettern und Angriffen. Eine Burg auf dem Berg als eine Stätte zum Bergen und Verbergen. Einem Psalmdichter sind solche Gedanken gekommen und er denkt noch weiter:

„Wer unter dem Schirm des Höchsten sitzt und unter dem Schatten des Allmächtigen bleibt, der spricht zu dem HERRN: Meine Zuversicht und meine Burg, mein Gott, auf den ich hoffe." (Psalm 91,1-2).

Er hat erfahren, dass der lebendige Gott Schutz und Hilfe geben kann. In schwierigen Zeiten können wir uns bei ihm bergen wie in einer Burg. Der Glaube hat vielen Menschen in Not die hilfreiche Geborgenheit und eine heitere Gelassenheit gegeben. Gott ist wie ein Ort mit festen Mauern und einem sicheren Dach über dem Kopf. Wer diesen Gott kennt, der besitzt eine sichere Burg. Gute Aussicht!

„Gott ist wie ein Ort mit festen Mauern und einem sicheren Dach über dem Kopf. Wer diesen Gott kennt, der besitzt eine sichere Burg."

APFEL-BAUM

Nachbars Apfelbaum hat's erwischt. Er trug mehr Äpfel als Blätter. Über Nacht ist wegen dieser Fülle einer der großen Äste abgebrochen und hat den Stamm aufgerissen. Jetzt haben die anderen Äste hölzerne Krücken erhalten und können sich aufstützen. Der Stamm trägt eine feste Binde. Der Baum wird überleben. Es bleibt eine reiche Ernte. An vielen Sonnentagen und trotz mancher Regenwochen sind die Äpfel gewachsen und gereift. Ein schöner Anblick und mehr. In Kürze können viele Körbe knallroter Früchte geerntet werden. Ein gesundes Lebensmittel, das schmeckt. Frisch verarbeitet oder gekocht: Apfelmus, Apfelkuchen, Apfelsaft. Die Natur ist voll der Güte Gottes. Er gibt, bis sich die Äste biegen. Ein Psalmdichter singt ein Loblied:

„Ich will dich täglich loben und deinen Namen rühmen immer und ewiglich. Der HERR ist groß und sehr zu loben, und seine Größe ist unausforschlich. Kindeskinder werden deine Werke preisen und deine gewaltigen Taten verkündigen. Sie sollen reden von deiner hohen, herrlichen Pracht und deinen Wundern nachsinnen; sie sollen reden von deinen mächtigen Taten und erzählen von deiner Herrlichkeit; sie sollen preisen deine große Güte und deine Gerechtigkeit rühmen." (Psalm 145,2-7).

Den Deutschen wird nachgesagt, dass sie lieber Klagelieder anstimmen. Das Glas scheint immer halb leer. Hier will uns die Bibel einen anderen Blickwinkel geben. Wir danken Gott für das, was er gibt. Wir loben Gott für das, was er tut. Wir preisen Gott für das, was und wie er ist.

„Wir danken Gott für das, was er gibt."

WASSER-HAHN

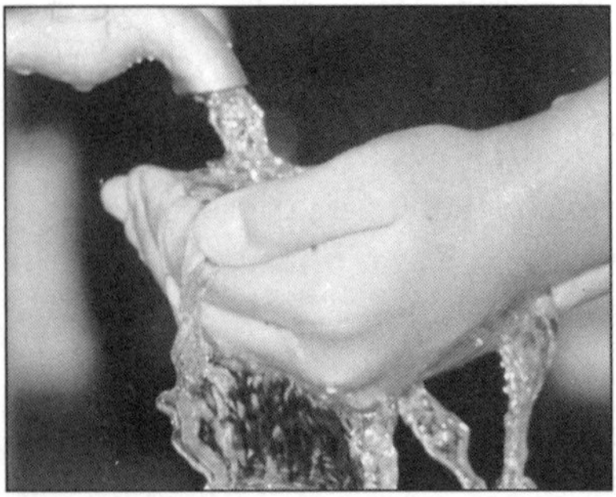

Hahn auf! Das Wasser fließt. In fast allen Häusern haben wir eine Wasserleitung. Leitungswasser gehört zu den wichtigsten Lebensmitteln. Es muss höchsten Vorgaben an Reinheit genügen. Wasserwerke sorgen dafür, dass dieses kostbare Nass rund um die Uhr fließen kann. Schauen wir rings um den Globus, dann ist schnell zu entdecken: Wir gehören zu einer privilegierten Bevölkerung. In großen Teilen der Erde ist jeder Tropfen Wasser unabhängig vom Zustand eine Kostbarkeit. In den weiten Wüsten des Orients wird Wasser zum ersehnten Schatz für Menschen und Tiere.

So verstehen wir Worte dieses Psalms: „Wie der Hirsch lechzt nach frischem Wasser, so schreit meine Seele, Gott, zu dir. Meine Seele dürstet nach Gott, nach dem lebendigen Gott. Wann werde ich dahin kommen, dass ich Gottes Angesicht schaue?“ (Psalm 42,2-3).

Der Psalmbeter will noch mehr als Wasser. Hier sucht ein Mensch Gottes Nähe und Hilfe. Er ist aus Jerusalem in ein fremdes Land verschleppt worden. Er sehnt sich nach dem Heiligtum zurück, nach Gott. Will er uns sagen: ‚wertvoll wie Wasser ist der lebensnotwendige Halt am Ewigen!‘? Manchmal sind es erst Nöte und Probleme, die den Ruf nach Gott laut werden lassen. Die Stunden vor einer Prüfung, die Tage im Krankenhaus, die Wochen nach einer Entlassung aus der Firma können wie Wege in der Wüste sein. Wir können laut nach Gott rufen. Er wird hören. Gott hilft nicht immer am Leid vorbei, aber er hilft hindurch. Wer jedoch nie am Wasserhahn dreht, wird niemals Wasser haben.

„Meine Seele dürstet nach Gott, nach dem lebendigen Gott.“

EINSCHLA-FEN

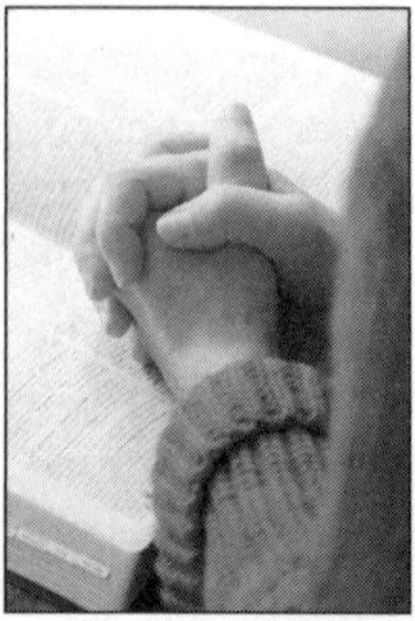

Endlich ausstrecken, die Beine lang machen und liegen. Ein Tag ist ans Ziel gekommen. Willkommen im Bett! Dann sind es für manche nur Minuten und für andere Stunden, bis der Schlaf die Augen schließt. Den einen hat die Mühe des Tages einfach müde gemacht. Einschlafen ist kein Problem. Andere haben noch Zeit für einige Seiten in einem Buch oder einer Illustrierten und lesen gern, bis der Schlaf kommt. Natürlich: Zum Bett gehören auch Liebe und Zweisamkeit, bevor die Nacht anbricht.

Aber auch das gibt es: Erlebnisse und Gedanken rauben einem die Ruhe. Sorgen sorgen für Ärger und vertreiben den ersehnten Schlaf. Ein Psalmdichter gibt uns einen hilfreichen Tipp zum Einschlafen: ein Abendgebet. „Erhöre mich, wenn ich rufe, Gott meiner Gerechtigkeit, der du mich tröstest in Angst; sei mir gnädig und erhöre mein Gebet!" (Psalm 4,2).

Last und Leid des Tages lassen sich ablegen. Sie sind bei Gott gut aufgehoben – im tiefsten Sinne des Wortes. Alles, was der Tag gebracht hat, können wir in Gottes Hand abgeben. Wer kennt das noch aus Kindertagen? Hände falten und einen Vers sprechen oder frei heraus mit Jesus reden. Das Gebet mit der Mutter war mir der schönste Tagesabschluss. Beten Sie mit Ihren Kindern und Enkeln. Beten Sie selbst und geben Sie so einen Lebenstag ab und schließen ihn wie das Kapitel eines großen Buches. Im Psalm heißt es am Ende: „Ich liege und schlafe ganz mit Frieden; denn allein du, HERR, hilfst mir, dass ich sicher wohne." (Psalm 4,9). Angenehme Nachtruhe!

„Ich liege und schlafe ganz mit Frieden; denn allein du, HERR, hilfst mir, dass ich sicher wohne."

10

OKTOBER

ZEHN

Oktober

Die meisten Menschen haben mit ihren zehn Fingern das Zählen und Rechnen gelernt. Zahlen gehören zu unserem Leben. Ohne die zufällige Ziffernfolge einer Geheimzahl geht gar nichts. Kreditkarte, Kundenkarte, Scheckkarte. Zahlen in der Bibel sind selten Zufall. Sie haben oft eine besondere Bedeutung.

Schreibmaschinen und Tastaturen sind für ein Zehnfinger-System konstruiert. Der Zehn-Kampf ist ein anspruchsvoller sportlicher Wettbewerb. Der Kirchenzehnt entsprach biblischen Opfervorschriften und betrug den zehnten Teil des Einkommens in Geld oder Naturalien. Zehn dramatische Plagen gingen über das alte Ägypten. Erst dann entließ der Pharao die Israeliten in die Freiheit. Auf dem Weg durch die Wüste erhielt das Volk die *Zehn Gebote*, die heute weltweit Grundlage vieler Rechtsvorstellungen sind. Die Zehn steht für ein harmonisches Ganzes wie unsere zehn Finger und zehn Zehen. Das hat auch Jesus im Blick, als er ein Gleichnis erzählt:

„Welche Frau, die zehn Silbergroschen hat und einen davon verliert, zündet nicht ein Licht an und kehrt das Haus und sucht mit Fleiß, bis sie ihn findet? Und wenn sie ihn gefunden hat, ruft sie ihre Freundinnen und Nachbarinnen und spricht: Freut euch mit mir; denn ich habe meinen Silbergroschen gefunden, den ich verloren hatte. So, sage ich euch, wird Freude sein vor den Engeln Gottes über einen Sünder, der Buße tut." (Lukas 15,8-10).

Jesus sucht uns und will, dass kein Mensch verloren geht. Wirklich! Das können wir an unseren zehn Fingern abzählen.

„Die Zehn steht für ein harmonisches Ganzes wie unsere zehn Finger und zehn Zehen."

PFAHL

Die Fragen sind wohl so alt wie die Menschheit. Es sind die Fragen nach dem Sinn von Krisen und Krankheiten: Wozu so viel Elend? Weshalb das Leid? Warum gerade ich? Auch Christen haben Probleme und deshalb die gleichen Fragen. Einfache Antworten gibt es nicht.

Paulus war ein Reisender für den Glauben. In vielen Städten der antiken Welt gründete er christliche Gemeinden. Er zog durch Kleinasien. Er reiste nach Griechenland und hatte Reisepläne bis Italien und Spanien. Er war sehr erfolgreich. Wir lesen das in der Bibel. Die Apostelgeschichte berichtet davon. Und dennoch: Die Leute in Korinth bemängelten seine schwächlichen Auftritte. Vermutlich passte er nicht in das griechische Bild eines schönen und starken Menschen. Vielleicht hatte er rein äußerlich nicht viel zu bieten. Er selbst schreibt von einem „Pfahl im Fleisch“. Was meint er genau? Eine unheilbare Krankheit, die ihn immer wieder flachlegt? Anhaltende Schmerzen, die ihn sichtbar quälen? Er hat gebetet, gehofft und eine Antwort von Gott erhalten:

„Er hat zu mir gesagt: Lass dir an meiner Gnade genügen; denn meine Kraft ist in den Schwachen mächtig. Darum will ich mich am allerliebsten rühmen meiner Schwachheit, damit die Kraft Christi bei mir wohne.“ (2. Korinther 12,9).

Paulus steht vor uns als schwacher und geplagter Mensch, aber nicht als gebrochener Mann. Gottes Kraft trägt ihn durch und hat ihn zum großartigen Glaubenszeugen und Apostel gemacht. Gott hilft nicht immer am Leid vorbei, aber er hilft hindurch.

„Gott hilft nicht immer am Leid vorbei, aber er hilft hindurch.“

REICHTUM

Nicht nur der Kalender macht das deutlich: Es ist Herbst geworden. Die Natur leuchtet in allen Farben. Der wilde Wein an unserem Haus spielt die ganze Palette der Rot-Töne durch und färbt sich vom zarten Rosa bis zum tiefdunklen Schwarzrot. Über den Zaun winken sattgelb die Sonnenblumen von nebenan. Tomaten, Kürbis und Kartoffeln sind in den Gärten der Siedlung gewachsen. Die Bäume tragen gut. Manche Leute sorgen sich schon: Wie sollen wir das verarbeiten?

Die Schöpfung bietet alles in Hülle und Fülle für unser Leben. Viele sehen darin Gottes Güte. Und Gott gibt noch mehr als die Mittel zum Leben. Er will die Mitte des Lebens sein. Er hat uns das Leben geschenkt. Er hat unser Leben gewollt. Bei ihm sind wir alle Wunschkinder. Und Gott hat den Wunsch und Willen, dass wir das Leben nicht verfehlen und verlieren. Was mit dem Wort *Sünde* in unsere Sprache übersetzt worden ist, bedeutet eigentlich: Ziel verfehlt! Neid und Hass, Lüge und Raub, Mord und Totschlag sind faule Früchte eines Lebens ohne Mitte. Das will Gott ändern, weil er die Menschen liebt. Er kauft uns aus den Fesseln der Sünde frei.

„Ihr wisst, dass ihr nicht mit vergänglichem Silber oder Gold erlöst seid von eurem nichtigen Wandel nach der Väter Weise, sondern mit dem teuren Blut Christi als eines unschuldigen und unbefleckten Lammes." (1. Petrus 1,18-19).

Noch wichtiger als Obst und Gemüse, noch wertvoller als Silber und Gold ist der Reichtum der Liebe Gottes. Er schenkt uns mit Jesus Christus das ewige Leben.

„Noch wertvoller als Silber und Gold ist der Reichtum der Liebe Gottes. Er schenkt uns mit Jesus Christus das ewige Leben."

KIRCHEN-FEST

Firmen schließen: Keine Aufträge! Kirchen machen dicht: Keine Leute! Hunderte Kirchengebäude müssen in den nächsten Jahren schließen, so lautet eine Prognose. Es fehlen Menschen, die eine Kirche besuchen und einer Gemeinde das Leben geben. Nun werden manche fragen, weil in den Städten neben den Bankentürmen und Konsumtempeln andere Heiligtümer in die Höhe wachsen: Was wird aus der Kirche? Stehen die Münchener Liebfrauenkirche, der Hamburger Michel und das Ulmer Münster nur noch für eine große Baukunst einer vergangenen Zeit und werden zum Museum?

Vielerorts wird im Herbst ein fröhliches Kirchenfest begangen. Unterschiedlich wird von *Kirchweih, Kerwe oder Kirmes* (Kirch-Messe) gesprochen. Gemeint ist das Gleiche: Eine Gemeinde feiert ihre Kirche. Für manche ist die Lebensgeschichte mit ihrem Gotteshaus verbunden. Sie wurden vor dem gleichen Altar getauft, konfirmiert und getraut. Dabei geht es nicht nur um heilige Mauern, sondern um die Gemeinschaft mit anderen Menschen und die spürbare Nähe Gottes. In der Bibel findet sich die Liebeserklärung eines Gläubigen:

„HERR, ich habe lieb die Stätte deines Hauses und den Ort, da deine Ehre wohnt." (Psalm 26,8).

Sei es eine traditionsreiche Kirche oder ein modernes Gemeindehaus: Menschen machen Kirche, deren Mitte Jesus Christus ist. Mit Kirmeskuchen und Festgottesdiensten wird einmal im Jahr Kirchweih gefeiert. Doch Gottesdienste, Chöre, Bibelwochen und Projekte gibt es das ganze Jahr. Sorgen Sie dafür, dass Kirche lebendig bleibt.

„HERR, ich habe lieb die Stätte deines Hauses und den Ort, da deine Ehre wohnt."

GESCHENK

Wer lässt sich nicht gern beschenken? Hochzeit, Geburtstag, Weihnachten. Geschenke gehören dazu. Großmutter gab gern, immer mit einem Lächeln und oft mit dem Spruch: „Es ist wenig, aber mit Liebe!" Aber gerade das war der Wert ihrer Geschenke: die Liebe. Grundlegendes können wir kaum kaufen. In einer Zeit, da mit Geld fast alles zu machen ist, hören wir das als eine gute Nachricht – oder? Mit der Scheckkarte ist nicht alles zu regeln und nicht alles ist für *Bares* zu haben.

Belastbare Beziehungen und Freundschaften sind nicht im Warenhaus zu haben. Überhaupt: Unser Leben erhalten wir als Geschenk. Keiner von uns hat sich darum beworben oder musste für seine Existenz in Vorkasse gehen. Meistens sind wir Kinder der Liebe – menschlich gesehen. Bei Gott sind wir alle Wunschkinder – gewollt und geliebt:

„Darin ist erschienen die Liebe Gottes unter uns, dass Gott seinen eingebornen Sohn gesandt hat in die Welt, damit wir durch ihn leben sollen. Darin besteht die Liebe: nicht, dass wir Gott geliebt haben, sondern dass er uns geliebt hat und gesandt seinen Sohn zur Versöhnung für unsere Sünden." (1.Johannes 4,9-10).

Unser Dasein ist ein Geschenk. Die Vergebung unserer Schuld ist es auch. Nicht gute Vorsätze, große Spenden oder persönliche Anstrengungen bringen uns in den Himmel, sondern Jesus Christus, Gottes Sohn. Gott hat uns zuerst geliebt. Darauf können wir uns verlassen. Im schlichten Glauben an Jesus kann jeder Mensch jeden Tag dieses Geschenk in Empfang nehmen.

„Gott hat uns zuerst geliebt. Darauf können wir uns verlassen. Im schlichten Glauben an Jesus kann jeder Mensch jeden Tag dieses Geschenk in Empfang nehmen."

II

NOVEMBER

ELF

November

Elf Freunde tummeln sich auf dem Rasen, um im Spiel mit anderen elf Freunden Tore zu machen. EM und WM sind die großen Turniere beim Fußball, die Tausende in die Stadien und Millionen vor den Fernseher locken. Ein Elferrat gehört zum Karneval. Jedes Jahr am *elften elften um elf Uhr elf* beginnt das närrische Treiben. „Elfer raus" ist ein bekanntes Kartenspiel.

Zahlen gehören zu unserem Leben. Ohne die zufällige Ziffernfolge einer Geheimzahl geht gar nichts. Kreditkarte, Kundenkarte, Scheckkarte. Zahlen in der Bibel sind selten Zufall. Sie haben oft eine besondere Bedeutung.

Elf steht als Zahl und Zeichen für Unvollkommenes. Jesus hatte zwölf Jünger als Begleiter berufen. Judas wurde zum Verräter und erhängte sich, dann waren es noch elf. Vielleicht wurde deshalb die Elf mit Unglück verbunden. Mit dem Verrat beginnen für Jesus die letzten Lebenstage. Sie enden mit dem Tod am Kreuz. Um wieder einen Zwölfer-Kreis zu haben, wird eine Nachwahl nötig:

„Und sie stellten zwei auf: Josef, genannt Barsabbas, mit dem Beinamen Justus, und Matthias, und beteten und sprachen: Herr, der du aller Herzen kennst, zeige an, welchen du erwählt hast von diesen beiden. Und sie warfen das Los über sie, und das Los fiel auf Matthias; und er wurde zugeordnet zu den elf Aposteln.“ (Apostelgeschichte 1,23f.26).

Beim Fußball bleiben es elf Spieler. Einige der Weltstars bekennen öffentlich ihren christlichen Glauben und erklären: Jesus ist mir noch wichtiger als Tore, denn das Leben ist mehr als ein Spiel.

„Elf steht als Zahl und Zeichen für Unvollkommenes.“

ELISABETH

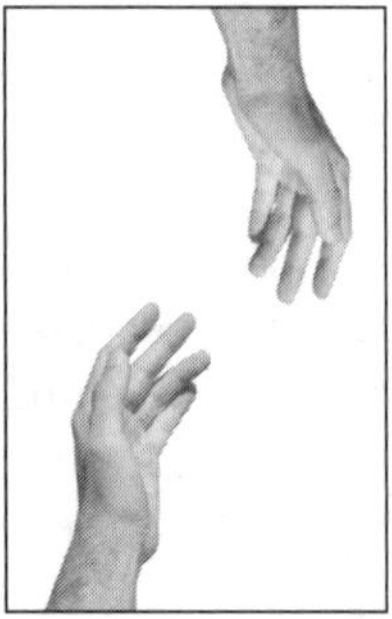

Er markiert das Ende des Kirchenjahres: der *Ewigkeitssonntag*. Er zeichnet eine Schwelle und verkündet eine Hoffnung über unser Sterben hinaus. Er ist mehr als nur der *Totensonntag*. Ein Lied stellt Fragen: „Was ist das Leben? Was ist der Tod? Was ist dazwischen die Zeit?" Die Zeit ist unsere Lebensspanne. Es sind die Jahre, in denen wir mit anderen und für andere auf der Erde sind. Keiner lebt für sich allein. In einer Zeit von Konsum-Rausch, Raff-Gier und Selbst-Sucht sehnen wir uns nach Menschlichkeit und Nächstenliebe. Vor 800 Jahren hat Elisabeth, eine ungarische Königstochter, in diesem Sinne gewirkt. Als thüringische Landgräfin hat sie ihr Leben, geprägt durch den Glauben an Christus, dem Dienst an den Armen gewidmet. Sie hat das Wort der Bibel wörtlich genommen:

„Ich habe euch in allem gezeigt, dass man so arbeiten und sich der Schwachen annehmen muss im Gedenken an das Wort des Herrn Jesus, der selbst gesagt hat: Geben ist seliger als nehmen.“ (Apostelgeschichte 20,35).

Nicht nur Christen sehen im Leben der Elisabeth von Thüringen die Reinheit und Klarheit einer Heiligen. Sie hatte nur wenige Jahre: 1207 geboren und im November 1231 gestorben. Wundersames wird aus ihrem Leben überliefert. Wunderbares hat sie getan. Von der Wartburg aus half sie Kranken. Nach Entsagung ihrer weltlichen Würden stiftete sie in Marburg ein Hospital. Dort lebte sie in einfachen Verhältnissen als Pflegerin. Elisabeth fand eine Antwort auf die Frage nach dem Leben im Licht der Ewigkeit.

„Elisabeth fand eine Antwort auf die Frage nach dem Leben im Licht der Ewigkeit.“

BESUCH

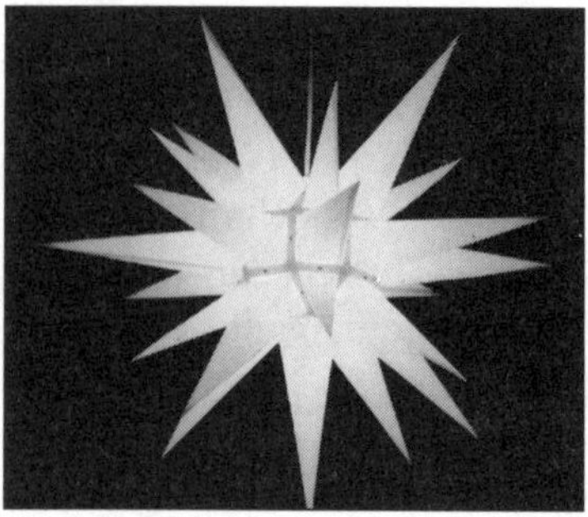

Besuch hat sich angekündigt. Nicht irgendein Gast will eintreten, sondern ein besonderer Besuch steht ins Haus. Ein hoher Besuch wird das werden. Die Adventswochen sind eine Zeit der Vorbereitung auf diesen Besuch. Jesus wird kommen. Weihnachten ist in Sicht. Alle Jahre wieder blicken wir zur Krippe im Stall und wir freuen uns über Kerzen und Tannengrün. Doch am Ende aller Jahre wird Jesus wiederkommen. Nicht als hilfloses Kind, sondern als gewaltiger Herr. Vor Jahrhunderten haben Christen die vier Wochen vor Weihnachten als eine Zeit stiller Einkehr begangen. Advent (*Ankunft*) war eine Fastenzeit. Die Menschen hielten sich die eigene Vergänglichkeit vor Augen und hatten zugleich die Vorfreude auf das Christfest im Blick.

„Und es werden Zeichen geschehen an Sonne und Mond und Sternen, und auf Erden wird den Völkern bange sein, und sie werden verzagen vor dem Brausen und Wogen des Meeres, und die Menschen werden vergehen vor Furcht und in Erwartung der Dinge, die kommen sollen über die ganze Erde; denn die Kräfte der Himmel werden ins Wanken kommen. Und alsdann werden sie sehen den Menschensohn kommen in einer Wolke mit großer Kraft und Herrlichkeit. Wenn aber dieses anfängt zu geschehen, dann seht auf und erhebt eure Häupter, weil sich eure Erlösung naht.“ (Lukas 21,25-28).

Lassen wir uns nicht von zu viel Trubel die Freude vermiesen und den Blick für das Wesentliche vernebeln. Nehmen wir uns jetzt Zeit zum Leben und zum Glauben. Jesus kommt wieder – sind Sie bereit?

„Die Adventswochen sind eine Zeit der Vorbereitung … Jesus wird kommen.“

SCHWERT

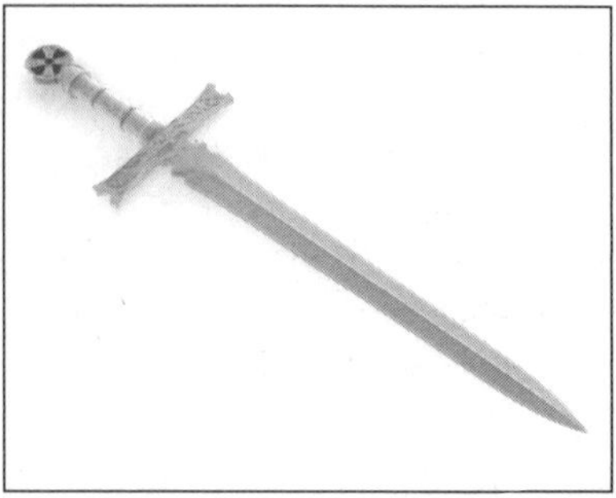

Religion und Randale, Kirche und Kriege, Gott und Gewalt. TV-Sender und Zeitungen liefern uns Nachrichten mit solchen Schlagworten. Nordirland, New York, Nahost. Meldungen über Bomben-Pläne und Terror-Anschläge schrecken uns auf und lassen Ängste wach werden. Wir haben uns daran gewöhnt, dass öffentliche Plätze mit Kameras überwacht werden. Zur Terror-Abwehr werden Bahnhöfe und Flugplätze streng kontrolliert.

Gewalt im Namen des Glaubens? Nicht nur viele Gläubige schütteln den Kopf. Die Kirchengeschichte verzeichnet einige Kapitel grausamer Kämpfe. Dabei hatte Jesus das Gegenteil gelebt und gesagt. Er wird uns nicht als Feldherr und Gotteskrieger beschrieben. Er ist das Opferlamm, das die Sünde der Welt trägt. Er hat sich blutig schlagen lassen. Bei seiner Verhaftung weist er seinen Freund und Nachfolger Petrus zurecht. „Da sprach Jesus zu ihm: Stecke dein Schwert an seinen Ort! Denn wer das Schwert nimmt, der soll durchs Schwert umkommen." (Matthäus 26,52). In der Bergpredigt hat Jesus ein bleibendes Vermächtnis für uns hinterlassen: „Selig sind die Friedfertigen; denn sie werden Gottes Kinder heißen." (Matthäus 5,9).

Ein Land ohne Armee und eine Stadt ohne Polizei – das wird ein Wunschtraum bleiben. Und doch: Selig sind die Menschen, die Frieden stiften und Frieden bewahren. Das zu leben erfordert mehr Kraft als rohe Gewalt. Es ist vielleicht der schwierigere Weg und bedeutet den Kampf gegen eigene Schwächen. Das Schwert ist selten die Lösung. Gewaltfrei ist wirklich stark!

„Selig sind die Friedfertigen;
denn sie werden
Gottes Kinder heißen."

WARTEN

„Vorfreude ist die schönste Freude“, so sagt es eine Volksweisheit. Wer wartet, hat ein Ziel vor Augen und sehnt sich nach der Erfüllung seiner Wünsche. In den Wochen vor Weihnachten leben wir in solcher Erwartung.

Kinder und Erwachsene müssen in diesen Tagen wieder das Warten lernen, was gar nicht so leicht ist. Wir leben in einer Welt, wo uns oft alles sofort zur Verfügung steht. Keine langen Wartezeiten, keine offenen Wünsche, keine mühsamen Wege. Statt jahrelangen Sparens kommt der Express-Kredit. Doch nun müssen wir warten. Vielen hilft der Adventskalender mit seinen 24 Fenstern oder Türchen. Tag für Tag gibt es eine Überraschung. Die Freude auf den nächsten Tag wird zerstört, wenn jemand ungeduldig alle Fenster an einem Tag aufreißt. Wie schön und spannend ist es dagegen, wenn nach und nach die Geheimnisse gelüftet werden – bis zum Höhepunkt am Heiligabend. Dann endlich und dann erst ist wirklich Weihnachten. Bis dahin hält uns die Freude auf das Fest in wacher Vorfreude. In der Bibel heißt es:

„Lasst eure Lenden umgürtet sein und eure Lichter brennen und seid gleich den Menschen, die auf ihren Herrn warten, wann er aufbrechen wird von der Hochzeit, damit, wenn er kommt und anklopft, sie ihm sogleich auftun." (Lukas 12,35-36).

Viele freuen sich auf Weihnachten, weil die alte Botschaft neu gesagt wird: „Christ, der Retter, ist da." Aber mit dem Glauben an Jesus Christus muss niemand länger warten. Fangen Sie einfach an! Dann ist eigentlich heute schon ein Christfest.

„Wer wartet, hat ein Ziel vor Augen und sehnt sich nach der Erfüllung seiner Wünsche."

12

DEZEMBER

ZWÖLF

Dezember

Zwölf Monate sind ein Jahr. Zwölf Sternzeichen bilden den Tierkreis. Zwölf goldene Sterne auf blauem Grund gehören zur Europa-Fahne. Zwölf Jünger waren mit Jesus unterwegs. Zwölf Stämme bildeten das Volk Israel. Zwölf erscheint als runde Zahl, wenn auch außerhalb unseres Zehnersystems. Unsere Uhr hat einen Zwölfer-Kreis. Nach zwei kompletten Umläufen ist ein Tag vorbei, sind 24 Stunden vergangen.

Zahlen gehören zu unserem Leben. Ohne die zufällige Ziffernfolge einer Geheimzahl geht gar nichts. Kreditkarte, Kundenkarte, Scheckkarte. Zahlen in der Bibel sind selten Zufall. Am Ende der Bibel wird eine neue Welt angekündigt und ein himmlisches Jerusalem geschildert. „Die Mauer der Stadt hatte zwölf Grundsteine und auf ihnen die zwölf Namen der zwölf Apostel des Lammes. Und die zwölf Tore waren zwölf Perlen, ein jedes Tor war aus einer einzigen Perle, und der Marktplatz der Stadt war aus reinem Gold wie durchscheinendes Glas. Und ich sah keinen Tempel darin; denn der Herr, der allmächtige Gott, ist ihr Tempel, er und das Lamm.“ (Offenbarung 21,14.21-22).

Was da voller Glanz beschrieben wird, ist keine Märchenwelt. Es geht nicht um Glitzer und Glamour, sondern um Gottes Nähe bei den Menschen. Die *Zwölf* lässt überall Vollkommenes ahnen. Christus ist das Lamm inmitten der Menschenwelt. Die Botschaft der Weihnachtszeit gilt dann für alle Ewigkeit: Er ist da. Nicht im dunklen Stall, sondern in einer hellen Stadt. Der Glaube an Christus gibt uns heute schon das Einwohnerrecht.

„Die Zwölf lässt überall Vollkommenes ahnen."

ADVENTS-KRANZ

Eine zweite Kerze brennt. Bis Weihnachten werden zwei weitere folgen. Es ist ein schöner Brauch, jeden Sonntag im Advent mit einer Kerze zu feiern. Vierarmige Adventsleuchter oder ein schmucker Kranz bilden die Grundlage für das vierfache Licht. In der Fülle elektrischer Beleuchtungen haben es die schlichten Adventskerzen manchmal nicht leicht.

Als 1839 in der Jugenderziehungsanstalt „Rauhes Haus“ in Hamburg der erste Adventskranz aufgestellt wurde, waren die Zeiten anders. Johann Hinrich Wichern, später Gründer der Diakonie, wollte bei seinen *Zöglingen* die Vorfreude auf Weihnachten wecken. Der junge Pfarrer war betroffen von der Not in den Armenvierteln am Anfang des Industriezeitalters. Wichern sah vor allem das Elend von Kindern, die entwurzelt und oft schon straffällig geworden waren. Mit Unterstützung hanseatischer Kaufleute gründete er 1833 dieses *Rettungshaus*. Christliches Erbarmen und die Hoffnung auf Christus prägten die Arbeit Wicherns.

„Es wird nicht dunkel bleiben über denen, die in Angst sind. Das Volk, das im Finstern wandelt, sieht ein großes Licht, und über denen, die da wohnen im finstern Lande, scheint es hell.“ (Jesaja 8,23; 9,1).

Jesus Christus hat dieses Licht angezündet. Er selbst ist das Licht, das auch uns anstecken will. Immer wieder haben Menschen so die Dunkelheit der Welt erhellt. Der Kerzenkranz gehört heute selbstverständlich zum Adventsschmuck. Lassen wir uns neu mit dem Licht von oben anzünden und es hier unten leuchten.

„Jesus Christus … selbst ist das Licht, das auch uns anstecken will.“

WINTER-DIENST

Eigentlich war ich in Eile. Weil der Winter zugeschlagen hatte und die Straßen verschneit waren, hatte ich mich schon eine halbe Stunde früher als üblich auf den Weg gemacht. Sicher ist sicher! Alles rollte gut, auch auf der Autobahn. Doch plötzlich tauchten Rundumleuchten auf. Schon weit voraus wurde signalisiert: Langsamer fahren. Hier passiert etwas. Bald ist klar: Kein Unfall, keine Katastrophe. Der Winterdienst ist auf Achse. Zwei Fahrzeuge schieben versetzt nebeneinander gleich beide Fahrspuren frei. Gut für die Autobahn, aber nicht so gut für mich – oder doch? Die Schneepflüge haben mich ausgebremst. Jetzt ist Geduld nötig. Eine Liedzeile kommt mir in den Sinn: „Jesu, geh voran auf der Lebensbahn“. Ohne Winterdienst wäre ich jetzt schneller, aber vielleicht nur bis zur nächsten Kurve. Vor mir machen Menschen die Bahn frei. Sicher ist sicher. So sagt das auch die Bibel:

„Lasst uns ablegen alles, was uns beschwert, und die Sünde, die uns ständig umstrickt, und lasst uns laufen mit Geduld in dem Kampf, der uns bestimmt ist, und aufsehen zu Jesus, dem Anfänger und Vollender des Glaubens.“ (Hebräer 12,1-2).

Jesus geht auf unserem Glaubensweg voran. Er ruft uns in die Nachfolge. Mag sein, dass hier und da unsere Wünsche ausgebremst werden. Möglich, dass es manchmal der Kampf mit sich selber ist, der zum Glauben gehört. Der Blick auf Jesus hilft. Er will unser Leben und den Glauben prägen. Er macht den Weg frei. Ich bleibe dicht hinter ihm. Sicher ist sicher!

„Jesus geht auf unserem Glaubensweg voran. ... Er will unser Leben und den Glauben prägen. Er macht den Weg frei. Ich bleibe dicht hinter ihm.“

WEIH-NACHTSZEIT

Endlich ist Heiligabend in Sicht. Der lange Anlauf der Vorweihnachtszeit kommt zum Ziel. Viele werden sagen: Gott sei Dank! Die Fernfahrer, die Bankangestellten, die Kassiererinnen, die Hausfrauen und andere sehnen sich nach Ruhe und Behaglichkeit daheim.

Am 24. Dezember mit Sonnenuntergang beginnt Weihnachten. Der *Heilige Abend* ist nicht das Ende, sondern der Anfang der Weihnachtszeit. Jetzt erst sind die meisten Weihnachtslieder passend und machen einen Sinn: „O du fröhliche, o du selige, gnadenbringende Weihnachtszeit! Welt ging verloren, Christ ist geboren: Freue, freue dich, o Christenheit!"

Wir haben uns meist damit abgefunden, dass in Kürze der Frühlingsschmuck in den Schaufenstern und in der Fernsehwerbung Einzug hält. Die Osterhasen stehen schon am Start. In einer rasanten Welt rennen wir der Zeit oft weit voraus. Dann wundern wir uns, wenn einem am Ende die Puste ausgeht und die Freude fast verflogen ist, wenn das Fest da ist. Dabei betont die biblische Weihnachtsgeschichte das Heute der Geburt des Christus: „Euch ist heute der Heiland geboren."

Gönnen wir uns in den nächsten Tagen die Zeit für den Augenblick, für das Jetzt. Gott ruft uns zu: „Ich habe dich zur Zeit der Gnade erhört und habe dir am Tage des Heils geholfen. Siehe, jetzt ist die Zeit der Gnade, siehe, jetzt ist der Tag des Heils!" (2. Korinther 6,2). Verschieben wir die Begegnung mit Jesus nicht auf morgen oder übermorgen. Er will gerade jetzt in unsere Häuser und Herzen kommen.

„Der Heilige Abend ist nicht das Ende, sondern der Anfang der Weihnachtszeit."

JAHRES-WECHSEL

Wieder ist ein Kalender dünn geworden. Die letzten Blätter eines alten Jahres fallen. Ein Kalenderwechsel ist angesagt. Ein neues Jahr ist in Sicht. Ein Jahreswechsel steht an. Im Rückblick werden manche die vergangenen Monate in Gedanken ordnen und bewerten: Was war gut? Was hätte anders laufen müssen? Dann geht der Blick nach vorn mit anderen Fragen: Was wird kommen? Wie werden sich die persönlichen Verhältnisse entwickeln? Wohin bewegt sich die Weltpolitik? Gültige Antworten wird es erst beim nächsten Jahreswechsel geben. Die Zukunft ist offen.

Ein Psalmdichter will uns dennoch auf eine verlässliche Grundlage hinweisen. Er spricht von Gott: „Der HERR ist König und herrlich geschmückt; der HERR ist geschmückt und umgürtet mit Kraft. Er hat den Erdkreis gegründet, dass er nicht wankt. Von Anbeginn steht dein Thron fest; du bist ewig. HERR, die Wasserströme erheben sich, die Wasserströme erheben ihr Brausen, die Wasserströme heben empor die Wellen; die Wasserwogen im Meer sind groß und brausen mächtig; der HERR aber ist noch größer in der Höhe." (Psalm 93,1-4).

Das Völkermeer braust, politische Wogen schlagen hoch, wirtschaftliche Zusammenhänge erscheinen manchmal wie Abgründe des Meeres. Doch über allem steht es fest: Gott ist immer noch größer als unsere Probleme. Das ist gewiss und gilt unabhängig von der Nachrichtenlage. Im Gebet können wir alle Tage des kommenden Jahres in Gottes Hand geben. Ein leichtes Leben ist damit nicht garantiert, aber ein getrostes Jahr.

„Im Gebet können wir alle Tage des kommenden Jahres in Gottes Hand geben. Ein leichtes Leben ist damit nicht garantiert, aber ein getrostes Jahr."

BILDNACHWEIS:

Alle Fotos finden Sie bei www.fotolia.de.
Im Folgenden sind die Seiten des Buchs und die Namen der einzelnen Fotografen aufgeführt.

9,11: Patrizia Tilly
12: Zhenya Kovalyov
14: Falco
16: Thaut Images
18: Brebca
21,23: Anette Linnea Rasmussen
24: Joanna Zielinska
26: Beatuerk
28: Cratervalley Photo
30: Anette Linnea Rasmussen
33,35: emmi
36: Magdalena Kucova
38: Michael Kempf
40: Thaut Images
42: Martina Bock
45,47: lisa engelstädter
48: Günther Sigmund
50: Lianem
52: Olga Shelego
54: Bilderbox
57,59: Tobias B.
60: Andreas Geyer
62: FocalPoint
64: OlliBi
66: jStock
69,71: Felix Horstmann

72: Tomascz Wojnarowicz
74: Matthias Geipel
76: Kaphoto
78: carlessoler
81,83: Matthias Nordmeyer
84: danielschoenen
86: philippe simier
88: Lim Jerry
90: Lars Koch
93,95: Philip Lange
96: Sandra Henderson
98: vagabondo
100: Marem
102: Ozgur Artug
105,107: rachwal
108: David H. Seymour
110: Bronwyn Photo
112: Dash
114: Torsten Schon
117,119: Emilia Stasiak
120: Oleg Kozlov
122: christian sekulic
124: Byron Moore
126: Olga Struk
129,131: Oleg Okhotin
132 Alexey Klementiev
134: juli kaesebrot
136: Denis Makarov
138: Barbara Schniebel
141,143: Michael Kempf
144: Wolfgang Jargstorff
146: François Camé
148: ostromec
150: elvira gerecht

Egmond Prill

Kurz und Gut

Gb., 10,5 x 16,5 cm, 128 S.,
Nr. 394.424,
ISBN 978-3-7751-4424-7

Egmond Prill hat den Blick für die Geschichten des Alltags, die kleinen Details, die doch die Sicht auf das Große öffnen: die Wunder des Lebens und die Wahrheit des Glaubens. Woche für Woche ermutigt er mit seinen Einsichten und Beobachtungen in der Rubrik „Worte zum Sonntag" die Leser der Zeitung „Allgemeiner Anzeiger", dem größten Anzeigenblatt in Thüringen. Nun erscheinen seine Worte nicht nur zum Sonntag in Buchform. Es sind Gedanken für alle Tage – kraftspendend und wegweisend. Eine kleine Begleitlektüre durch das Jahr!

Bitte fragen Sie in Ihrer Buchhandlung nach diesem Buch!
Oder schreiben Sie an:
SCM Hänssler, D-71087 Holzgerlingen.

Egmond Prill

Kurz und Knackig

Gb., 10,5 x 16,5 cm, 144 S.,
Nr. 394.605,
ISBN 978-3-7751-4605-0

Es geht um Kirschblüten, Eiskristalle, Fenster, Türen und Zeitfresser. Kleine Geschichten erzählen Wesentliches über die Dinge und Themen des Lebens. Kurz und knackig bringt Egmond Prill zugleich den Glauben zur Sprache. Anschaulich beschreibt er die Wunder der Alltage und Feiertage. Die sieben Tage einer Woche geben nicht nur dem Buch eine Gliederung, sie bestimmen den Takt des Lebens. Woche für Woche sind diese Gedanken als „Worte zum Sonntag“ in den Zeitungen „Allgemeiner Anzeiger“ (Erfurt) und „OWL am Sonntag“ (Bielefeld) erschienen. Es sind gute Worte für Sonntag und Alltag.

Bitte fragen Sie in Ihrer Buchhandlung nach diesem Buch!
Oder schreiben Sie an:
SCM Hänssler, D-71087 Holzgerlingen.